AF723140

So geht DeFi

Disclaimer

Bitte beachte, dass es sich bei den Inhalten in diesem Buch, nicht um eine Anlageberatung oder um Investitionsempfehlungen handelt. Wir sind von Kryptowährungen überzeugt und hoffen, dich davon auch überzeugen zu können, aber du solltest dir darüber im Klaren sein, dass es keine Erfolgsgarantien in der Krypto-Welt gibt und falsche Entscheidungen sogar zum Totalverlust führen können.

Du solltest zuerst verstehen, wie Kryptowährungen funktionieren, und dir darüber im Klaren sein, ob du es dir leisten kannst, ein damit einhergehendes Risiko einzugehen. Durch die Investition mit Kryptowährungen kannst du Geld verlieren. Anlageerfolge in der Vergangenheit garantieren keine Erfolge in der Zukunft.

Wir übernehmen keine Haftung für deine Aktivitäten in der DeFi-Welt und wollen dich mit diesem Buch lediglich auf den aktuellen Wissensstand bringen und dir ein gutes Wissensfundament ermöglichen.

Bibliografische Information der Deutschen Nationalbibliothek
Die Deutsche Nationalbibliothek verzeichnet diese Publikation in der Deutschen Nationalbibliografie. Detaillierte bibliografische Daten sind im Internet über http://dnb.d-nb.de abrufbar.

Für Fragen, Kritik und Anregungen: DeFi@reading.capital

Copyright © 2020 by CoinGecko
Die englische Originalausgabe erschien unter
ISBN: 979-8640579109 unter dem Titel ***How To DeFi;*** *Decentralized Finance is taking over the world. Learn how to get started and join the revolution*
In Zusammenarbeit mit teaspoonpublishing.com.my
German translation copyright © 2020 by Reading.Capital UG
All rights reserved © Reading.Capital VerlagsUG

Covergestaltung: Laura Mc Lain
Original-Cover und Layout: Anna Tan
Übersetzung und Autor von Zusatzkapitel: Marco Gries
Lektorat: Ka-und-Jott
Satz und Design: Bernat Bofilles
Verlag und Vertrieb: Reading.Capital VerlagsUG

Weitere Informationen zum Verlag finden Sie unter
www.reading.capital

Inhaltsverzeichnis

Einführung

Willkommen zum ersten Buch von CoinGecko: So geht DeFi!

DeFi ist die Abkürzung für *Decentralized Finance* oder auch „Dezentralisierte Finanzmärkte“ und ist derzeit eines der am stärksten und schnellsten wachsenden Segmente im Bereich von Blockchain und Kryptowährungen. Und obwohl DeFi zunehmend an Popularität in der Krypto-Gemeinde gewinnt, wird die Idee dahinter dennoch oft kaum verstanden.

Es handelt sich um ein ganzes Ökosystem von dezentralisierten Anwendungen (auch: *„DApps“* für *Decentralized Applications*), welche Finanzdienstleistungen für jedermann auf der Grundlage und Technologie der Blockchain anbieten – ohne eine staatliche Autorität oder sonstige Kontrollorgane. Ein Großteil dieser Anwendungen baut dabei auf der Ethereum-Blockchain auf, und das ist auch der Grund dafür, warum dieses Buch sich größtenteils um das Ethereum-Universum dreht.

Hinzu kommt, dass DeFi ein Schlüsselthema bei der Entwicklung von Ethereum in den Jahren 2019 und 2020 war. Zum heutigen Zeitpunkt (Dezember 2020) verfügen DeFi DApps bereits über ein Marktvolumen von mehr als 7 Milliarden US-Dollar in Kryptowährungen und die Tendenz ist weiterhin steigend. Experten erwarten, dass DeFi gekommen ist, um zu bleiben, und daher weiterhin wächst, und auch für Ethereum selbst handelt es sich um einen wesentlichen Baustein, um die selbst gesteckten Ziele zu erreichen.

In diesem Buch werden wir erklären, was genau DeFi ist, warum es für uns als Gesellschaft wichtig ist und in der Zukunft für uns alle noch wichtiger werden wird. Dabei tauchen wir tief ein in die unterschiedlichen Möglichkeiten, die DeFi mit seinem Spektrum von

Bankdienstleistungen, Börsen, Wechselstuben bis hin zu Versicherungen und Glücksspiel bieten kann. In jedem Kapitel geben wir dir Anleitungen (Schritt für Schritt) mit, um dich beim Umgang mit DeFi-Produkten so gut wie nur möglich zu unterstützen.

Ebenso werden wir dir am Ende jedes Kapitels weitere Lektüre empfehlen, falls du tiefer in die Materie eintauchen möchtest. Wir bitten dich, all die erwähnten Autoren auch zu unterstützen, denn unserer Meinung nach bereichert jeder Autor in diesem Bereich unsere Gesellschaft und sorgt mit seinem Beitrag dafür, dass DeFi für jeden zugänglich wird.

Dieses Buch richtet sich an DeFi-Anfänger und -Interessierte. Du solltest dafür zumindest ein grobes Verständnis haben, was es mit der Blockchain und Kryptowährungen auf sich hat. Wenn du bereits ein DeFi-Experte bist, würden wir uns freuen, wenn du uns mitteilst, wie wir dieses Buch verbessern könnten. Um die wachsende Bekanntheit von DeFi zu beschleunigen, wollen wir hiermit die teilweise noch komplexen Vorgänge von DeFi für alle einfach und verständlich aufzeigen. Unser Ziel ist es, dass du am Ende dieses Buchs nicht nur viel über DeFi gelernt hast, sondern auch ein aktiver Teil dieser Bewegung wirst.

Wir danken dir für den Kauf dieses Buchs und wünschen dir hiermit viel Spaß beim Lesen und Lernen.

Das *CoinGecko*-Research Team
Darren Lau,
Daryl Lau,
Teh Sze Jin,
Kristian Kho,
Erina Azmi,
TM Lee,
Bobby Ong

20 Februar 2020

Teil 1: Der Unterschied zwischen *Centralized Finance* und *Decentralized Finance*

Kapitel 1: Die traditionellen Finanzinstitute

In diesem Kapitel möchten wir zuerst auf die Grundlagen von traditionellen Finanzinstitutionen eingehen, was später ungemein wichtig für dich sein wird, um den Ansatz von DeFi verstehen zu können. Um es einfach zu halten, konzentrieren wir uns hierbei auf die international größten Finanzinstitutionen im traditionellen Finanzsystem, um dir die potenziellen Risiken des Finanzmarkts aufzuzeigen.

Die Banken

Banken sind die seit Jahrzehnten unangefochtenen Giganten des Finanzmarkts, die Zahlungen ermöglichen, Einlagen entgegennehmen und Kreditlinien für Einzelpersonen, Unternehmen, andere Finanzinstitutionen und sogar Regierungen anbieten. Tatsächlich ist ihre Macht – allein gemessen an den Fakten – so enorm, dass die 10 größten Banken der Welt bereits auf einen Wert von 2 Billionen US-Dollar geschätzt werden. (Eine Billarde sind 1.000 Milliarden oder eine Million Millionen, also eine Zahl mit 12 Nullen.)

Im Vergleich zu den Banken ist der gesamte Markt von Kryptowährungen mit einem derzeitigen Gesamtwert von 300 Milliarden US-Dollar noch verhältnismäßig winzig.

Rang	Bankinstitut	Land	Marktkapitalisierung
1	ICBC	China	338 Mrd. US-Dollar
2	China Construction Bank	China	287 Mrd. US-Dollar
3	Agricultural Bank of China	China	243 Mrd. US-Dollar
4	Bank of China	China	230 Mrd. US-Dollar
5	JP Morgan Chase	US	209 Mrd. US-Dollar
6	Bank of America	US	189 Mrd. US-Dollar
7	Wells Fargo	US	168 Mrd. US-Dollar
8	Citigroup	US	158 Mrd. US-Dollar
9	HSBC	UK	147 Mrd. US-Dollar
10	Mitsubishi UFJ	Japan	146 Mrd. US-Dollar

Abbildung 1 - Die 10 größten Bankinstitute der Welt

Banken sind auch ein wesentlicher Bestandteil unseres heutigen Finanzsystems und halten die gesamte Maschinerie am Laufen. Sie ermöglichen es, Geld weltweit zu bewegen, indem sie Werttransfers (Einzahlungen, Abhebungen, Überweisungen) anbieten, Kreditlinien (Kredite) gewähren und vieles mehr. Fakt ist aber, dass sie von Menschen und Richtlinien geleitet werden und somit anfällig für Risiken, Missmanagement und Korruption sind.

Die weltweite Finanzkrise im Jahr 2008 war ein Paradebeispiel für eine Bankenlandschaft mit einer übermäßigen Risikobereitschaft und bewirkte schlussendlich, dass weltweit Regierungen zu massiven Rettungsaktionen gezwungen waren, um nicht unser ganzes Finanzsystem einstürzen zu lassen. An der Stelle solltest du dir vor Augen führen, dass diese Rettungen durch Steuergelder finanziert wurden. Genau diese Krise zeigte uns eindeutig die Mängel und Fehleranfälligkeit des traditionellen Finanzsystems auf und schrie förmlich danach, verbessert zu werden.

Der Ansatz von DeFi ist es, ein besseres Finanzsystem für uns alle zu erschaffen, welches durch die Blockchain-Technologie erst ermöglicht wurde. Hauptsächlich fokussiert sich DeFi daher auch auf die 3 Schlüsselfaktoren des traditionellen Bankensystems:

1. Zahlungs- und Verrechnungssystem (Überweisung)
2. Zugänglichkeit
3. Zentralisierung und Transparenz

1. Das Zahlungs- und Verrechnungssystem
Vielleicht hast du schon mal versucht, einen Geldbetrag zu einer Person oder zu einem Unternehmen im Ausland zu senden. Es kann einige Werktage dauern, bis dieser Zahlungsvorgang abgewickelt wurde und die Gebühren (über Banken bis hin zu weiteren Mittelsmännern) sind je nach Land und Summe nicht unbedeutend. Das ist vor allem dann der Fall, wenn du einen Geldbetrag zu einer Person außerhalb der EU versenden möchtest.
Mit Kryptowährungen hingegen hättest du die Möglichkeit, all diese hierbei mitverdienenden Mittelsmänner zu umgehen und eine solche Überweisung wesentlich günstiger und schneller vorzunehmen. Zum Beispiel würde die Überweisung eines Betrags in Kryptowährungen auf ein beliebiges Konto in der Welt innerhalb eines Zeitraums von 15 Sekunden bis 5 Minuten erfolgen und eine kleine Gebühr von z. B. 0,02 Euro bei Ethereum erfordern.

2. Zugänglichkeit
In Europa sind wir, was das Bankwesen angeht, definitiv sehr verwöhnt. Fast jeder von uns hat einen Zugang zum Finanzmarkt und dessen Dienstleistungen. Im Prinzip steht keiner von uns in Deutschland bei Banken vor verschlossenen Türen. Es ist problemlos möglich, ein Sparkonto zu eröffnen, einen Kredit zu bekommen oder unser Geld anzulegen. Über 1,7 Milliarden Menschen weltweit haben da allerdings weniger Glück und keinen Zugang zu solch einfachen Möglichkeiten der Finanzwelt oder müssen durch das geringe Angebot einen sehr hohen Preis dafür zahlen. Es handelt sich dabei größtenteils um die Menschen, die in Entwicklungsländern leben, aber auch bei uns gibt es einige Institutionen (Stichwort: SCHUFA), die über unsere finanziellen Möglichkeiten mitentscheiden können. In den Entwicklungsländern

dieser Welt betrifft dieser Ausschluss vom Finanzsystem besonders die Ärmsten der Armen und neben Korruption und Armut sind vor allem Vertrauensprobleme (unter den weltweiten Banken selbst) der wesentliche Grund hierfür.

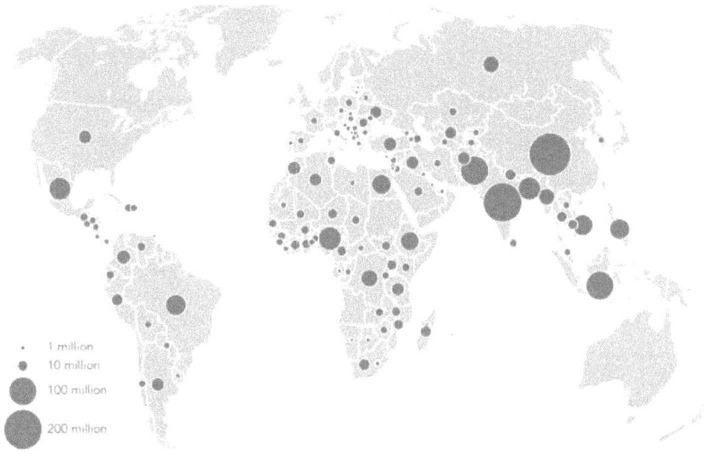

Abbildung 2 - Übersicht der Personen ohne Zugang zum Bankwesen

DeFi könnte in Zukunft genau hier ansetzen und das Leben der Betroffenen verbessern. Eine DeFi-Anwendung erfordert lediglich ein Mobiltelefon und einen Internetzugang. Die World Bank vermutet, dass zwei Drittel der 1,7 Milliarden Betroffenen ein Mobiltelefon haben und somit die Nutzung von DeFi-Anwendungen in Zukunft eine ernstzunehmende Alternative werden könnte. Dafür spricht auch, dass DeFi sich für zensurfreie, über Landesgrenzen hinwegsetzende Finanzprodukte einsetzt. Zudem können die programmierten und automatisch gesteuerten DeFi-Protokolle die Benutzer nicht diskriminieren und gleiche Wettbewerbsbedingungen für alle schaffen.

3. Zentralisierung und Transparenz

Natürlich kann man nicht leugnen, dass traditionelle und regulierte Finanzinstitutionen, welche die Gesetze und Vorschriften einer Regierung einhalten, wie z. B. Bankinstitute, zu den sichersten Anlagemöglichkeiten für das eigene Geld zählen. Aber selbst die größten Bankinstitute können scheitern. Dies war z. B. bei der *Washington Mutual* (einer ehemaligen größeren US-Bank) mit Einlagen in Höhe von über 188 Milliarden US-Dollar der Fall und auch bei *Lehman Brothers* (die Finanzkrise lässt grüßen) mit einem damaligen Gesamtvermögen von 639 Milliarden US-Dollar. Beide Institute haben die Finanzkrise von 2008 nicht überlebt. Dies war der Anfangspunkt für viele weitere Bankenpleiten, welche sich allein in den USA durch über 500 Zusammenbrüche bemerkbar machten. Die wohl größte Schwäche von Banken ist deren Zentralisierung. Die Zentralisierung von Macht und Geldern im alleinigen Machtbereich der Banken ist gefährlich und kann jederzeit zu einer weiteren Finanzkrise führen. Ebenso fraglich ist die Transparenz von Banken, welche es so nicht wirklich gibt.

Es gibt keine Möglichkeiten für normale Investoren, vollständig zu erfahren, was börsennotierte Finanzinstitute hinter verschlossenen Türen treiben. Jedes herkömmliche börsennotierte Unternehmen muss weit mehr Auskunft über die Geschäftsaktivitäten geben, als es eine Bank je tun müsste. Der einzig wirkliche Anhaltspunkt, um die Vertrauenswürdigkeit einer Bank einschätzen zu können, sind und waren die Rating-Agenturen, welche in der Finanzkrise von 2008 ebenso in Kritik gerieten, da sie risikoreiche hypothekarisch gesicherte Wertpapiere mit sogenannten AAA-Ratings (die beste und sicherste Investition) versahen.

Mit DeFi wird es anders sein. DeFi-Protokolle, die auf den öffentlich-einsehbaren Ketten einer Blockchain wie z. B. Ethereum aufbauen, sind aus Sicht der Rechnungsprüfung und Transparenz zumeist für jeden einsehbar. Sie werden in der Regel von dezentralisierten Organisationen verwaltet, um sicherzustellen, dass jeder weiß, was vor sich geht, und dass keine einzige dieser Organisationen im Alleingang schlechte Entscheidungen trifft.

DeFi-Protokolle bestehen lediglich aus Programmiercode und diese Codes laufen genauso ab, wie sie programmiert wurden. Alle Fehler werden dabei schnell offensichtlich, da sie für jedermann öffentlich einsehbar sind. Das Finanzinstitut wird hierbei ersetzt durch ein aus Codes bestehendes Protokoll; alle vorher dagewesenen Mittelsmänner werden in diesem Prozess ausgeschlossen.

Decentralized Finanze vs. Centralized Finance

Unzugänglichkeit und regulatorische Unsicherheiten sind einige der Hauptprobleme, die das derzeitige Bankensystem plagen. Es ist bedauerlich, dass im gegenwärtigen Finanzsystem nicht jeder das Privileg hat, seine eigene Bank zu sein. Nur die Banken haben staatlich anerkannte Rechte, neben der Zentralbank umfassend in das Finanzgeschehen einzugreifen.

In der DeFi-Bewegung geht es darum, diese Lücken zu überbrücken und die Finanzierung für alle, ohne jede Form von Zensur, zugänglich zu machen. Kurz gesagt: DeFi eröffnet viele Möglichkeiten und ermöglicht es seinen Nutzern, den Zugang zu verschiedenen Finanzinstrumenten zu haben, ohne jegliche Einschränkung hinsichtlich Rasse, Religion, Alter, Nationalität oder Geographie. Natürlich wird es bei einem direkten Vergleich zwischen traditionellen und dezentralisierten Finanzprodukten auf beiden Seiten Vor- und Nachteile geben. Letztendlich muss jeder Nutzer für sich entscheiden, welche Finanzprodukte ihm persönlich lieber sind. In diesem Buch wollen wir dir bei der Entscheidungsfindung und dem Verständnis helfen und führen dich daher durch die Konzepte und Möglichkeiten der dezentralisierten Finanzierung, damit du einschätzen kannst, ob die Verwendung von DeFi-Angeboten auch für dich Sinn macht oder nicht.

In Kapitel 2 werden wir dir einen Überblick über DeFi zusammen mit einigen seiner dezentralen Anwendungen geben, um dir zu helfen, die Funktionsweise von DeFi zu verstehen.

Empfohlene Literatur hierzu

1. Decentralized Finance Explained (Yos Riady)
https://yos.io/2019/12/08/decentralized-finance-explained/
2. A beginner's guide to DeFi (Linda J. Xie)
https://nakamoto.com/beginners-guide-to-defi/
3. A Beginner's Guide to Decentralized Finance (DeFi) (Coinbase)
https://blog.coinbase.com/a-beginners-guide-to-decentralized-finance-defi-574c68ff43c4
4. The Complete Beginner's Guide to Decentralized Finance (DeFi) (Binance)
https://www.binance.vision/blockchain/the-complete-beginners-guide-to-decentralized-finance-defi
5. 2019 Was The Year of DeFi (and Why 2020 Will be Too) (Mason Nystrom)
https://consensys.net/blog/news/2019-was-the-year-of-defi-and-why-2020-will-be-too/
6. DeFi: What It Is and Isn't (Part 1) (Justine Humenansky)
https://medium.com/coinmonks/defi-what-it-is-and-isnt-part-1-f7d7e7afee16
7. How Decentralized is DeFi? A Framework for Classifying Lending Protocols (Kyle Kistner) https://hackernoon.com/how-decentralized-is-defi-a-framework-for-classifying-lending-protocols-90981f2c007f
8. How Decentralized is "Decentralized Finance"? (Aaron Hay)
https://medium.com/coinmonks/how-decentralized-is-decentralized-finance-89aea3070e8f
9. Mapping Decentralized Finance https://outlierventures.io/wp-content/uploads/2019/06/Mapping-Decentralised-Finance-DeFi-report.pdf
10. Market Report: 2019 DeFi Year in Review https://defirate.com/market-report-2019/
11. DeFi #3 - 2020: The Borderless State of DeFi
https://research.binance.com/analysis/2020-borderless-state-of-defi
12. Decentralized Finance with Tom Schmidt (Software Engineering Daily)
https://softwareengineeringdaily.com/2020/02/25/decentralized-finance-with-tom-schmidt/

Kapitel 2: Was versteht man eigentlich unter Decentralized Finance (DeFi)?

Decentralized **Fi**nance oder **DeFi** steht für die Bewegung, die es den Nutzern ermöglicht, Finanzdienstleistungen wie die Aufnahme und Vergabe von Krediten und den Handel von unterschiedlichen Finanzprodukten zu nutzen, ohne sich auf zentralisierte Einheiten verlassen zu müssen. Die hierbei möglichen Finanzdienstleistungen werden über dezentralisierte Anwendungen (sogenannte *DApps*) bereitgestellt. Ein Großteil dieser Anwendungen baut dabei auf der Ethereum-Plattform auf.

Es ist zwar hilfreich, wenn man versteht, wie genau Ethereum funktioniert, aber man muss kein Ethereum-Experte sein. Ethereum ist nach Bitcoin die größte Kryptowährung und Blockchain-Gemeinde und während Bitcoin sich selbst als vollendet betrachtet, entwickelt sich Ethereum beständig weiter. Vielleicht ist auch das der Grund, warum die meisten DeFi-Anwendungen auf Ethereum aufbauen. Wir werden im nächsten Kapitel noch näher auf Ethereum eingehen.

DeFi ist nicht als alleinstehendes einzelnes Produkt oder Unternehmen zu betrachten, sondern als eine Welt voller Produkte und Dienstleistungen, welche traditionelle Institutionen wie Banken, Versicherungen, Anleihen und Kapitalmärkte ersetzen soll. DeFi-Anwendungen (also: *DeFi-DApps*) ermöglichen es dir als Nutzer, die Dienstleistungen zu kombinieren, und können dir dadurch mehrere Dienstleistungen eröffnen. Gerade weil man DeFi-DApps hervorragend miteinander verbinden und sie aufeinander aufbauen kann, spricht man hierbei auch vom sogenannten Geld-LEGO.

Damit DeFi-Anwendungen funktionieren, sind Sicherheiten (sogenannte *Collaterals*) erforderlich, welche üblicherweise in *Smart Contracts* (ein digitaler Vertrag mit Regeln, der in einem Computerprotokoll hinterlegt wurde) eingebunden werden. Sicherheiten, die in DeFi-Anwendungen von Nutzern eingebracht werden, werden üblicherweise als gesperrter Gesamtwert (auch: Total Value Locked) bezeichnet. Laut dem Website-Portal DeFi Pulse betrug der Gesamtwert eingebrachter Sicherheit Anfang 2019 rund 275 Millionen US-Dollar, während im Herbst 2020 bereits ein neuer Höchststand von 7 Milliarden US-Dollar erreicht wurde. Die Kennzahl des *Total Value Locked* kann uns allen als Indikator behilflich sein, um festzustellen, wie schnell das DeFi-Ökosystem wächst.

Das DeFi-Ökosystem

Bei einem so raschen Wachstum von DeFi mit all seinen ständigen Änderungen wäre es uns unmöglich, in diesem Buch alles abzudecken, was DeFi zu bieten hat. Aus diesem Grund haben wir einige Kategorien und *DeFi-DApps* ausgewählt, die unserer Meinung nach wichtig und entscheidend sind, damit Anfänger sie verstehen können, bevor sie sich in das DeFi-Ökosystem begeben.

Wir persönlich sind überzeugt davon, dass *DeFi-DApps* die traditionellen Finanzdienstleistungen revolutionieren werden, indem sie die Notwendigkeit von Zwischenparteien bzw. Mittelsmännern überflüssig machen. Es sollte jedoch darauf hingewiesen werden, dass DeFi in seinem gegenwärtigen Zustand noch sehr jung und experimentell ist und viele Projekte täglich verbessert und verändert werden. Im Laufe der Zeit könnte sich DeFi weiterentwickeln und von dem, was es heute ist, völlig verschieden sein. Nichtsdestotrotz ist es nützlich, die frühen Anfänge von DeFi zu verstehen und die Funktionen, die *DeFi-DApps* bereits heute bieten, mit dem richtigen Know-how – wenn auch erst nur spielerisch – zu nutzen.

Wie dezentral ist eigentlich DeFi?

Es ist nicht einfach, diese Frage zu beantworten. Um es vereinfacht darzustellen, werden wir das ganze hier in drei Kategorien der Dezentralisierung unterteilen:

- **zentralisiert**
- **semi-dezentralisiert** (teilweise dezentrale Komponente, aber keine komplette Dezentralisierung),
- **voll-dezentralisiert** (alle Komponenten sind dezentralisiert).

Zentralisiert

Zentrale Anbieter verwahren die Kryptowährungen (custodial), benutzen Preisangaben von zentralen Stellen bzw. Organisationen, steuern ihr gesamtes Angebot von ihrer Zentrale aus.
Beispiele sind: *BlockFi*, *Nexo* und *Celsius*

Semi-dezentralisiert

Mehrere Faktoren des Angebots sind dezentralisiert, jedoch nicht alle. Zum Beispiel kann die Preisfindung, oder die Kontrolle dezentral erfolgen.
Beispiele sind: *Compound*, *Maker DAO*, *dYdX* oder *bZx*.

Voll-dezentralisiert

In diesem Bereich wäre wirklich alles dezentralisiert. Bisher gibt es jedoch noch kein DeFi-Protokoll bzw. Angebot, welches ausschließlich dezentralisiert wäre. Aber wer weiß, was uns die Zukunft noch so bringt.

Derzeit befinden sich die meisten DeFi-DApps noch in der semi-dezentralen Kategorie. Eine weitere Aufschlüsselung der Dezentralisierungskomponenten kann übrigens im Artikel von Kyle Kistner in den Literaturhinweisen (Empfohlene Literatur) nachgelesen werden. Nun, da du bereits ein besseres Verständnis davon hast, was die

Dezentralisierung bedeutet, gehen wir über zu den Schlüsselkategorien von DeFi.

Die DeFi-Schlüsselkategorien

In diesem Buch widmen wir uns den folgenden 8 Schlüsselkategorien von DeFi:

1. **Stablecoins**

   Wenn man sich mit Kryptowährungen etwas beschäftigt, fällt einem schnell auf: Die Preise einer Kryptowährung sind oftmals im Vergleich zu üblichen Währungen extrem volatil. Es ist derzeit üblich, dass Kryptowährungen innerhalb eines Tages einem Schwankungsgrad von über 10 % unterliegen. So interessant Kryptowährungen auch sein mögen, so ist die Volatilität vor allem für private Kleinanleger und auch institutionelle Anleger ein Problem. Um diese Volatilität abzuschwächen, wurden sogenannte Stablecoins erschaffen, die an anderen stabileren Vermögenswerten, wie z. B. den US-Dollar, gebunden sind.

   Tether (Symbol: *USDT*) war z. B. einer der ersten zentralisierten *Stablecoins*. Jeder *USDT* ist angeblich mit einem US-Dollar auf dem Bankkonto des Emittenten gedeckt. Ein großer Nachteil des USDT besteht jedoch darin, dass die Benutzer darauf vertrauen müssen, dass die US-Dollar-Reserven vollständig besichert sind und tatsächlich existieren.

   Dezentralisierte *Stablecoins* zielen darauf ab, dieses Vertrauensproblem, welches gegenüber dem *Tether* besteht, zu lösen. Dezentralisierte *Stablecoins* werden daher auf dezentralisierte Weise durch eine Methodik der Überbesicherung erschaffen und operieren vollständig auf dezentralisierten Blockchains. Hinzu kommt, dass sie von dezentralisierten autonomen Organisationen verwaltet werden und ihre Reserven von jedermann öffentlich eingesehen und überprüft werden können.

Obwohl *Stablecoins* selbst nicht wirklich eine Finanzanwendung sind, sind sie wichtig, um DeFi-Anwendungen für jedermann zugänglicher zu machen, indem sie einen stabilen Wertaufbewahrungsort bieten.

2. Kreditvergabe und Kreditaufnahme

Traditionelle Finanzinstitute verlangen, dass ihre Kunden eigene Bankkonten haben müssen, um die Dienste der Finanzinstitute in Anspruch nehmen zu können – wie erwähnt ein Luxus, den 1,7 Milliarden Menschen derzeit nicht haben. Die Kreditaufnahme bei Banken ist z. B. mit weiteren Einschränkungen verbunden, wie einer guten Kreditwürdigkeit (auch: Bonität) und ausreichenden Sicherheiten, um die Banken davon überzeugen zu können, dass man es wert ist, einen Kredit zu erhalten, und in der Lage sein wird, diesen zurückzuzahlen.

Dezentrale Kreditvergabe und Kreditaufnahme beseitigen diese Barriere und ermöglichen es jedem, seine digitalen Vermögenswerte zu besichern und diese zu nutzen, um Kredite zu erhalten. Man kann auch eine Rendite auf seine Vermögenswerte erzielen und jederzeit am dezentralen Kreditmarkt teilnehmen, indem man sich an Kreditpools beteiligt und dafür Zinsen auf diese Vermögenswerte erhält. Bei dezentraler Kreditvergabe und -aufnahme sind weder ein Bankkonto noch eine Bonitätsprüfung erforderlich.

3. Kryptowährungsbörsen

Um eine Kryptowährung in eine andere umzutauschen, können große etablierte Kryptowährungsbörsen wie z. B. *Coinbase, Kraken* oder *Binance* verwendet werden. Börsen wie die genannten sind zentralisierte Börsen, d. h., sie sind sowohl Vermittler als auch Verwahrer der gehandelten Vermögenswerte. Die Benutzer bzw. Kunden dieser Börsen haben dabei jedoch nie die volle Kontrolle über ihr Vermögen, was ihr Vermögen somit einem Risiko aussetzt. Sollte eine dieser Kryptowährungsbörsen gehackt werden und nicht in der Lage sein, die Verpflichtungen gegenüber den Kunden zurückzuzahlen, wäre ein Totalverlust durchaus möglich.

Dezentrale Börsen versuchen, genau dieses Problem zu lösen, indem sie es den Benutzern ermöglichen, Kryptowährungen zu tauschen, ohne die Verwahrung der eigenen Coins aufzugeben. Ohne Kryptowährungen an zentralisierten Börsen zu lagern, muss man als Benutzer nicht darauf vertrauen, dass die Börsen zahlungsfähig bleiben und überleben.

4. Derivate

Ein Derivat ist ein Vertrag, dessen Wert sich von einem anderen Basiswert wie z. B. Aktien, Rohstoffen, Währungen, Indizes, Anleihen oder Zinssätzen ableitet.

Händler können Derivate verwenden, um ihre eingegangenen Positionen abzusichern und ihr Risiko bei einer bestimmten Investition oder Spekulation zu verringern. Stell dir zum Beispiel vor, du wärst ein Handschuhhersteller und würdest dich gegen einen unerwarteten Anstieg des Gummipreises absichern wollen.

Du kannst nun von deinem Lieferanten einen Terminkontrakt kaufen, um eine bestimmte Menge Gummi zu einem bestimmten zukünftigen Lieferdatum zu einem heute vereinbarten Preis zu beziehen. Natürlich wirst du in der Zukunft den vereinbarten Preis zahlen müssen, auch wenn der Marktpreis günstiger wäre. Aber im Fall einer Preissteigerung hättest du einen Grund zum Feiern, denn du beziehst dein Gummi für die Handschuhe weiterhin zum vorher vereinbarten Preis.

Derivatkontrakte werden hauptsächlich auf zentralisierten Plattformen gehandelt und von traditionellen Finanzinstituten angeboten. DeFi-Plattformen beginnen jedoch mit dem Aufbau von dezentralisierten Derivatemärkten. Darauf werden wir in Kapitel 8 näher eingehen.

5. Vermögensmanagement

Die Anlageverwaltung (auch: *Fund Management* oder *Vermögensmanagement*) ist der Prozess der Überwachung deines Vermögens und der Verwaltung des daraus generierten Cash-Flows, um eine Rendite auf deine Investitionen erzielen zu können. Man unterscheidet hierbei zwischen der aktiven und passiven Anlageverwaltung. Bei der aktiven Anlageverwaltung trifft ein Managementteam (hoffentlich Profis) für dich Investitionsentscheidungen, um eine bestimmte Benchmark wie z. B. den S&P 500 (ein bekannter US-Aktienindex) in seiner Entwicklung zu schlagen. Bei der passiven Anlageverwaltung gibt es hingegen kein Management-Team, sondern es ist bewusst so konzipiert, dass es die Performance einer bestimmten Benchmark so genau wie möglich nachahmt. In Deutschland erfolgt die aktive Anlageverwaltung üblicherweise mit Investmentfonds, gemanagt durch größere Banken. Die passive

Anlageverwaltung hat in den letzten Jahren aber an Beliebtheit gewonnen und erfolgt oft über sogenannte ETFs (steht für *Exchange Traded Funds*), also automatisierte Fonds, die versuchen, einen Benchmark bzw. Aktienindizes wie den DAX oder den S&P 500 abzubilden.

Im DeFi haben bereits einige Projekte damit begonnen, eine passive Anlageverwaltung auf dezentralisierten Prinzipien zu entwickeln. Der Vorteil hierbei ist, dass die Transparenz von DeFi es jedem Benutzer ermöglicht, unter die Haube zu schauen und mit Leichtigkeit zu verfolgen, wie die eigenen Gelder verwaltet werden und welche Gebühren entstehen.

6. Lotterien und Glücksspiele

Auch wenn Glücksspiel und Lotterien nicht unbedingt zum Finanzwesen gehören, ist dennoch oft ein gewisses Misstrauen gegenüber den traditionellen Anbietern vorhanden. Auch solche Konzepte könnten jedoch – angewendet im DeFi-Bereich – die Transparenz und das Vertrauen enorm erhöhen. Eine *DeFi-DApp*, die wir in diesem Buch untersuchen werden, ermöglicht es den Teilnehmern, ihr Kapital zusammenzulegen. Das dadurch gepoolte Kapital wird dann in eine DeFi-Verleiher-Dapp investiert und die erzielten Zinsen werden später in einem festgelegten Intervall an einen zufälligen Gewinner ausgezahlt. Sobald dieser Gewinner feststeht, werden den Lotteriekäufern ihre Lose (in Form von Kryptowährungen) zurückerstattet, wodurch sichergestellt wird, dass alle Teilnehmer keinen Verlust erleiden. Es ist in diesem Fall also so, als ob du Lotto spielen würdest und jedes Mal am Ende den Einsatz deines Lottoscheins zurückbekommst und im Glücksfall sogar noch den Hauptgewinn abräumst.

7. Zahlungen

Eine Schlüsselrolle von Kryptowährungen besteht darin, einen dezentralisierten und vertrauenswürdigen Werttransfer zwischen zwei Parteien zu ermöglichen. Mit dem Wachstum von DeFi werden jedoch auch immer kreativere Zahlungsmethoden erfunden und erprobt.

Ein DeFi-Projekt, welches wir in diesem Buch untersucht haben, zielt darauf ab, die Art und Weise zu ändern, wie wir an Zahlungen herangehen. Das geschieht z. B., indem wir Zahlungen als Ströme statt als Transaktionen betrachten. Die Möglichkeit, Zahlungen als Ströme bereitzustellen, eröffnet eine Fülle von Anwendungsmöglichkeiten für das Geld. Stell dir das Motto „Pay as you use“ vor, aber in einem viel detaillierteren Maßstab und mit höherer Genauigkeit.

Das Entstehen von DeFi und die Innovationsrate werden zweifellos neue Denkweisen darüber einführen, wie Zahlungen heute funktionieren und in Zukunft funktionieren sollten.

8. Versicherungen

Versicherungen gehörten schon immer strategisch zu einem guten Risikomanagement dazu. Im Falle eines unglücklichen Vorfalls (den man versichert hat), erhält man einen finanziellen Schutz oder eine Rückerstattung der Verluste. In unserer Gesellschaft ist es üblich, dass wir unsere Häuser, Autos sowie unsere Gesundheit und sogar unser Leben versichern. Wäre das nicht auch ein interessanter Anwendungsfall für DeFi?

Alle Kryptowährungen, die du in DeFi-Anwendungen einbringst, werden im großen weiten World Wide Web natürlich auch anfällig sein für Betrug und Hackerangriffe. Die meisten Entwickler haben zwar ihre programmierten Anwendungen bis ins kleinste Detail überprüft und versuchen, dir im DeFi-Universum einen perfekten Smart Contract anzubieten, aber es gibt dennoch niemals eine 100%-ige Sicherheit. Um ehrlich zu sein: Es besteht jederzeit die Möglichkeit eines Hacks, der dir einen Totalverlust bescheren kann. Genau solche Risiken verdeutlichen uns die Notwendigkeit einer Versicherung, die dein Vermögen schützen kann, vor allem wenn du mit größeren Geldsummen in der DeFi-Welt unterwegs bist. In diesem Buch werden wir daher mehrere dezentralisierte Versicherungsmöglichkeiten aufzeigen und erklären.

Empfohlene Literatur hierzu

1. Decentralized Finance Explained (Yos Riady) https://yos.io/2019/12/08/decentralized-finance-explained/
2. A beginner's guide to DeFi (Linda J. Xie) https://nakamoto.com/beginners-guide-to-defi/
3. A Beginner's Guide to Decentralized Finance (DeFi) (Coinbase) https://blog.coinbase.com/a-beginners-guide-to-decentralized-finance-defi-574c68ff43c4
4. The Complete Beginner's Guide to Decentralized Finance (DeFi) (Binance) https://www.binance.vision/blockchain/the-complete-beginners-guide-to-decentralized-finance-defi
5. 2019 Was The Year of DeFi (and Why 2020 Will be Too) (Mason Nystrom) https://consensys.net/blog/news/2019-was-the-year-of-defi-and-why-2020-will-be-too/
6. DeFi: What It Is and Isn't (Part 1) (Justine Humenansky) https://medium.com/coinmonks/defi-what-it-is-and-isnt-part-1-f7d7e7afee16
7. How Decentralized is DeFi? A Framework for Classifying Lending Protocols (Kyle Kistner) https://hackernoon.com/how-decentralized-is-defi-a-framework-for-classifying-lending-protocols-90981f2c007f
8. How Decentralized is "Decentralized Finance"? (Aaron Hay) https://medium.com/coinmonks/how-decentralized-is-decentralized-finance-89aea3070e8f
9. Mapping Decentralized Finance https://outlierventures.io/wp-content/uploads/2019/06/Mapping-Decentralised-Finance-DeFi-report.pdf
10. Market Report: 2019 DeFi Year in Review https://defirate.com/market-report-2019/
11. DeFi #3 - 2020: The Borderless State of DeFi https://research.binance.com/analysis/2020-borderless-state-of-defi
12. Decentralized Finance with Tom Schmidt (Software Engineering Daily) https://softwareengineeringdaily.com/2020/02/25/decentralized-finance-with-tom-schmidt/

Teil 2: Tauche ein in die DeFi-Welt!

Kapitel 3: Ethereum – das Fundament

Was ist Ethereum

Wie wir in Kapitel 1 bereits erwähnt haben, wird die Mehrheit der heutigen *DeFi DApps* derzeit auf der *Ethereum*-Blockchain aufgebaut. Aber was genau versteht man unter Ethereum? *Ethereum* ist eine globale, quelloffene (Open-Source) Plattform für dezentrale Anwendungen. Man kann sich das als einen Weltrechner vorstellen, der von keinem aufgrund seiner Größe und weltweiten dezentralen Verknüpfung abgeschaltet werden kann. Auf Ethereum können Softwareentwickler die sogenannten *Smart Contracts* (intelligente, programmierte Verträge) schreiben, die den digitalen Wert durch eine Reihe von Kriterien steuern und überall für jedermann auf der Welt zugänglich sind.

In diesem Buch werden wir uns speziell mit dezentralisierten Anwendungen (DApps) befassen, die Finanzdienstleistungen, bekannt als DeFi, bereitstellen. *Smart Contracts*, die von Software-Programmierern geschrieben werden, sind die Bausteine dieser *DApps*. Diese *Smart Contracts* werden dann im *Ethereum*-Netzwerk eingesetzt, wo sie rund um die Uhr laufen und aktiv sind. Das Netzwerk wird hierbei den digitalen Wert erhalten und immer den neuesten Stand verfolgen.

Was ist ein Smart Contract

Ein *Smart Contract* (zu dt.: intelligenter Vertrag) ist ein programmierter Vertrag, der es zwei Vertragsparteien ermöglicht, die Bedingungen einer zukünftigen Transaktion festzulegen, ohne dass sie für die Ausführung einer dritten Partei vertrauen müssen.

Wenn Alice z. B. einen Treuhandfonds einrichten und dafür Bob in den nächsten 12 Monaten jeweils zu Beginn des Monats 100 Euro zahlen möchte, könnte sie einen *Smart Contract* programmieren:

1. der das aktuelle Datum überprüft,
2. Bob zu Beginn eines jedes Monats automatisch 100 Euro sendet
3. und diesen Vorgang monatlich wiederholt, bis der Gesamtbetrag

von 1.200 Euro im *Smart Contract* aufgebraucht ist.

Mit einem solchen *Smart Contract* hat Alice die Notwendigkeit umgangen, einen vertrauenswürdigen Vermittler (z. B. eine Bank, einen Anwalt oder einen Treuhänder) hinzuzuziehen. Ebenso ist dieser *Smart Contract* für Bob als auch Alice absolut transparent und jederzeit einsehbar.

Smart Contracts arbeiten nach dem „Wenn dies, dann das ...“-Prinzip. Wann auch immer die vereinbarten Vertragsbedingungen erfüllt sind, wird eine vorgegebene Ausführung auch so wie vorhergesehen auf der Blockchain ausgeführt.

Wenn mehrere solcher *Smart Contracts* nun miteinander kombiniert werden, um miteinander zu arbeiten und einander zu ergänzen, bezeichnet man das als eine dezentralisierte Anwendung (*DApp*). Genau mit diesem technischen Aufbau, können über die Blockchain komplexere Prozesse nahezu vollautomatisiert erfüllt werden.

Was ist ein Ether (ETH)?

Ether ist die native klassische Kryptowährung, die auf der Ethereum-Blockchain aufbaut. *Ether* ist im Prinzip wie herkömmliches Geld und kann ähnlich wie *Bitcoin* für alltägliche Transaktionen verwendet werden. Sie können *Ether* an eine andere Person senden, um Waren und Dienstleistungen auf der Grundlage des aktuellen Marktwertes zu kaufen. Die *Ethereum*-Blockchain zeichnet dann ihren Transfer auf und gewährleistet die endgültige Ausführung der Transaktion.

Darüber hinaus wird Ether auch zur Bezahlung der Gebühren verwendet, die es *Smart Contracts* und *DApps* ermöglicht, im Ethereum-Netzwerk zu laufen. Man kann sich die Ausführung von *Smart Contracts* im Ethereum-Netzwerk wie das Fahren eines Autos vorstellen. Um ein Auto zu fahren, benötigt man Treibstoff, auch wenn dies im Elektro-Zeitalter dann eine Stromladung ist. Um einen *Smart Contract* über *Ethereum* ausführen zu können, muss man in Form von Ether eine gewisse Gebühr bezahlen, die als *Gas* bezeichnet wird.

Ether, das in der Öffentlichkeit oft noch als kleiner unbedeutender Bruder von *Bitcoin* gesehen wird, entwickelt sich damit langsam, aber beständig zu einer eigenen, einzigartigen Reservewährung und einem eigenen Wertaufbewahrungsmittel. Gegenwärtig ist *Ether* im *DeFi*-Ökosystem die bevorzugte Wahl für Vermögenswerte, die als Sicherheit für viele *DeFi*-DApps verwendet werden. Ether bietet das, was andere Kryptowährungen bisher noch nicht so umfangreich und renommiert bieten können: Sicherheit und Transparenz für dieses Finanzsystem.

Wenn du das noch nicht ganz verstehst, mach dir keine Sorgen, wir werden dieses Thema noch vertiefen.

Was versteht man unter Gas?

Auf der *Ethereum*-Blockchain muss für jegliche Transaktion und *Smart Contracts* eine geringe Gebühr entrichtet werden. Diese Gebühr wird auch als *Gas* bezeichnet. In technischer Hinsicht bezieht sich *Gas* auf die Maßeinheit für die Menge an Energieaufwand bzw. der Rechenaufwand, welcher für die Ausführung einer Operation oder eines *Smart Contracts* erforderlich ist.

Je komplexer die Ausführungsoperation hierbei ist, desto mehr *Gas* ist zur Erfüllung dieser Operation erforderlich. Die *Gas*-Gebühren werden dabei derzeit vollständig in *Ether* bezahlt.
Der Preis vom *Gas* kann von Zeit zu Zeit in Abhängigkeit von der Nachfrage schwanken. Wenn mehrere Personen auf der Ethereum-Blockchain interagieren, wie z. B. bei Transaktionen in der *ETH* oder bei der Ausführung intelligenter Vertragsoperationen, kann der *Gas*-Preis aufgrund der begrenzten Menge an Rechenressourcen im Netzwerk steigen oder umgekehrt, wenn das Netzwerk nicht ausgelastet ist, sinken. Die *Gas*-Gebühren können von einem Anwender natürlich auch manuell festgelegt werden. Wenn das Netz überlastet ist, werden die Transaktionen mit der höchsten damit verbundenen *Gas*-Gebühr zur Bearbeitung (bzw. Validierung auf der Blockchain) priorisiert. Validierte Transaktionen werden abgeschlossen und in die Blockchain aufgenommen und dort in den jeweiligen Blöcken niedergeschrieben. Wenn die gezahlten *Gas*-Gebühren zu niedrig sind, werden die Transaktionen in eine Warteliste gestellt. Daher kann es bei einer

Transaktion mit unterdurchschnittlichen *Gas*-Gebühren um einiges länger dauern, bis diese Transaktion abgeschlossen ist.

Der Preis von ***Gas*** wird üblicherweise in sogenannten ***gwei*** gemessen:

1 *gwei* = 0,000000001 *Ether*

Angenommen, ein *Smart Contract* zur Übertragung von *Ether* würde 21.000 *Gas*-Einheiten erfordern und nehmen wir auch an, dass der durchschnittliche Marktpreis für *Gas* bei derzeit 3 *gwei* liegen würde, so könnte man sich den Preis folgendermaßen ausrechnen:

21.000 *gas* **x** 3 *gwei* = 63.000 *gwei* = 0,000063 *Ether*

Bei der Ausführung deiner Transaktion würdest du also eine Gas-Gebühr von 0,000063 *Ether* für die Verarbeitung und Validierung deiner Transaktion (auf der Blockchain) bezahlen müssen.

Übrigens sind *Gas*-Gebühren für die Interaktion zwischen dezentralisierten Anwendungen, der *Ethereum*-Blockchain und deiner *Wallet* (***Wallet*** = der Ort, an dem du deine *Ether* aufbewahrst und von dem du die Verwendung deiner Ether steuerst) zwar erforderlich, aber können ebenso schnell in die Höhe schießen. Im August 2020 waren die *Gas*-Gebühren teilweise so hoch, dass eine einfache Transaktion im Wert von 250 Euro z. B. eine *Gas*-Gebühr von bis zu 35 Euro kostete. Das wiederum führte zu einem kleineren Kursabsturz beim *Ether*-Preis und zu einem Rückgang an Nutzerzahlen von DeFi-Anwendungen. Die Entwickler hinter Ethereum versprechen zwar, in Zukunft mit der Weiterentwicklung von Ethereum (Stichwort: *Ethereum 2.0*) Abhilfe zu schaffen, aber derzeit solltest du die *Gas*-Gebühren exakt im Auge behalten.

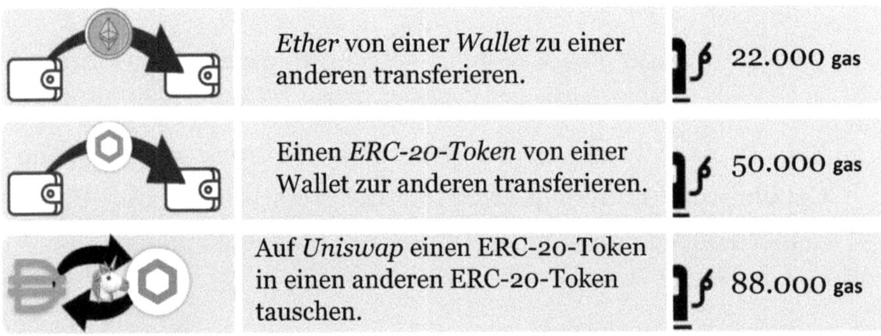

Die aktuellen Gas-Gebühren bzw. den derzeitigen *gwei-Wert* kannst du auf der Website https://ethgasstation.info/ einsehen.

Was versteht man unter Decentralized Apps (DApps)?

Im Kontext von Ethereum betrachtet, sind *DApps* so gesehen technische Schnittstellen, die durch den Einsatz von *Smart Contracts* mit der Blockchain interagieren. Von außen betrachtet sehen *DApps* wie gewöhnliche Web- und mobile Anwendungen aus und verhalten sich auch so, außer dass sie auf unterschiedliche Weise mit einer Blockchain interagieren. Bei vielen *DApps* wird vorausgesetzt, dass man *Ether* als Währung verwendet, dass man damit einverstanden ist, die eigenen Transaktionsdaten in der Blockchain zu hinterlassen (wenn auch das nur verschlüsselt stattfindet) und dass eine getätigte Transaktion unveränderlich ist.

👍 VORTEILE

DApps sind auf dezentralisierten Blockchain-Netzwerken wie Ethereum aufgebaut und bieten dadurch in der Regel die folgenden Vorteile:

- **Sie sind unveränderlich**: Niemand kann eine Information und die Details deiner Transaktion ändern, sobald sie einmal auf der Blockchain niedergeschrieben ist.
- **Sie sind manipulationssicher**: *Smart Contracts*, welche auf der Blockchain veröffentlicht werden, können nicht manipuliert werden, ohne jeden anderen Teilnehmer auf der Blockchain damit zu alarmieren.
- **Sie sind transparent:** *Smart Contracts*, auf denen *DApps* aufbauen, sind jederzeit für jeden überprüfbar.
- **Sie sind verfügbar:** Solange das Ethereum-Netzwerk aktiv bleibt, werden *DApps*, die auf diesem Netzwerk aufbauen, auch weiterhin verfügbar sein.

NACHTEILE

Während eine Blockchain viele Vorteile bietet, gibt es natürlich auch unterschiedliche Nachteile, die mit ihr einhergehen:

- **Es ist wirklich unveränderlich:** *Smart Contracts* werden von Menschen geschrieben bzw. programmiert und können nur so gut sein wie die Person bzw. der Programmierer, der sie geschrieben hat. Menschliche Fehler sind früher oder später unvermeidlich und unveränderliche *Smart Contracts* haben daher das Potenzial, Fehler ebenso wie Erfolge festzuschreiben und damit unumkehrbar zu machen.
- **Es ist wirklich transparent:** Offen prüfbare und für jedermann einsehbare *Smart Contracts* können auch zu Angriffspunkten für Hacker werden, da sie den Code einsehen können und somit mögliche Schwachstellen ausnutzen können.
- **Es ist nicht unendlich skalierbar:** In den meisten Fällen ist die Bandbreite einer *DApp* auf die Blockchain beschränkt, auf der sie sich befindet. Nichts kann hier unendlich wachsen und alles hat seine Grenzen.

Für was kann Ethereum sonst noch so verwendet werden?

Neben der Erstellung und Verwendung von *DApps* kann Ethereum für zwei weitere Funktionen verwendet werden: die Erstellung dezentralisierter autonomer Organisationen (abgekürzt: *DAO*) oder die Ausgabe von anderen (auf der Ethereum-Blockchain aufbauenden) Kryptowährungen.

Eine *DAO* (engl.: *Decentralized autonomous organization*) ist eine völlig autonome Organisation, die bewusst nicht von einer einzigen Person geleitet wird, sondern durch einen Kodex und gewisse Prinzipien geregelt wird. Dieser Programmcode basiert auf *Smart Contracts* und ermöglicht es den *DAOs*, die Art und Weise zu ersetzen, wie traditionelle Organisationen üblicherweise geführt werden. Stell dir hierbei am besten ein Unternehmen vor, bei dem es keine Chefs und keine wirklich alleinherrschenden Eigentümer gibt. Da man hierbei auf der Grundlage eines Codes arbeitet, wäre diese Organisation vor menschlichen Eingriffen (z. B. Manipulation oder bewusste negative Einflussnahme) geschützt und die DAO würde zu jeder Zeit transparent arbeiten. Es gäbe keine Auswirkungen durch irgendeinen Einfluss von außen. Governance-Entscheidungen oder grundsätzliche Entscheidungen würden durch die Abstimmung der einzelnen Mitglieder einer *DAO* demokratisch durch deren *Token* getroffen werden.
Apropos *Token*: *Ethereum* kann auch als Plattform zur Erschaffung weiterer Kryptowährungen genutzt werden.

Derzeit gibt es zwei beliebte Protokolle für Token im Ethereum-Netzwerk:

- ***ERC-20***
- und ***ERC-721***.

ERC-20 ist ein Protokollstandard, der Regeln und Standards für die Ausgabe von Tokens auf Ethereum definiert. ERC-20-Tokens sind fungibel, d. h. sie sind austauschbar und von gleichem Wert. Dagegen sind *ERC-721-Token* nicht fungibel, d. h. sie sind völlig einzigartig und nicht austauschbar. Eine einfache Analogie wäre es, sich *ERC-20* als Geld und *ERC-721* als Sammlerstücke wie Actionfiguren oder Baseballkarten vorzustellen.

Und das waren im Großen und Ganzen auch schon die Grundlagen, die man unbedingt über Ethereum wissen sollte. Falls du bereits schon Kryptowährungen wie Ether besitzt und/oder deine erste *DApp* ausprobieren möchtest, werden wir in den folgenden Kapiteln über mehrere interessante DeFi-Produkte berichten, die nicht nur Übersichten, sondern auch Schritt-für-Schritt-Anleitungen enthalten. Aber bevor du mit deiner Reise in die wirklich spannende DeFi-Welt beginnst, benötigst du zuerst noch einen Geldbeutel für deine *Ethereum-Coins*: **eine *Wallet*!**

Übrigens solltest du auch noch wissen, dass Ethereum von deren Entwicklern derzeit weiterentwickelt wird und es vorgesehen ist, dass irgendwann Ethereum 2.0 das jetzige Ethereum ersetzt.

Empfohlene Literatur hierzu

1. What is Ethereum? [The Most Updated Step-by-Step-Guide!] (Ameer Rosic) https://blockgeeks.com/guides/ethereum/

2. Smart Contracts: The Blockchain Technology That Will Replace Lawyers (Ameer Rosic) https://blockgeeks.com/guides/smart-contracts/

3. What is Ethereum Gas? [The Most Comprehensive Step-By-Step Guide Ever!] (Ameer Rosic) https://blockgeeks.com/guides/ethereum-gas/

4. The trillion-dollar case for ETH (Lucas Campbell) https://bankless.substack.com/p/the-trillion-dollar-case-for-eth-eb6

5. Ethereum: The Digital Finance Stack (David Hoffman) https://medium.com/pov-crypto/ethereum-the-digital-finance-stack-4ba988c6c14b

6. Ether: A New Model for Money (David Hoffman) https://medium.com/pov-crypto/ether-a-new-model-for-money-17365b5535ba

Kapitel 4: Ethereum Wallets

Eine *Wallet* (zu dt.: auch Brieftasche oder Geldbörse) ist eine benutzerfreundliche Schnittstelle zum Blockchain-Netzwerk. Sie verwaltet deine *Private Keys* (der private Schlüsselcode, mit dem du über deine Kryptowährungen verfügen kannst) und bietet dir den Zugriff auf deine verfügbaren Kryptowährungen. Eine *Wallet* ermöglicht es dir, Kryptowährungen zu empfangen, zu speichern und zu senden.

Custodial oder doch *Non-Custodial*?

Man unterscheidet grundsätzlich zwischen zwei Arten von Wallets:

- einer ***Custodial-Wallet*** und
- einer ***Non-Custodial-Wallet***.

Eine *Custodial-Wallet* ist eine Wallet, bei denen Dritte (z. B. eine Kryptowährungsbörse) in deinem Namen die Kontrolle über deine Kryptowährungen behält und auch für dich aufrechterhält.

Ein *Non-Custodial-Wallet* ist eine Wallet, bei der du die volle Kontrolle über die Wallet hast. Sie ist somit als dein Eigentum zu betrachten und du hast die volle Verantwortung über die Kryptowährungen, die du besitzt. Vielleicht hast du schon einmal das in der Krypto-Community verbreitete Mantra gehört: „**Be your own Bank**". Es ist ein Grundgedanke in der Blockchain-Welt, dass wir keine Banken mehr brauchen, denn jeder von uns hat die Möglichkeit, seine eigene Bank zu sein.

Wenn du eine *Custodial-Wallet* verwendest, wirst du einer externen Partei vertrauen müssen, dass sie deine Kryptowährungen sicher aufbewahrt. Das kann wesentlich bequemer sein, denn du musst dir somit keine Sorgen um die Sicherheit deiner Private Keys machen. Das

einzige, was hierbei in deinen Verantwortungsbereich fällt, ist, deine Kontoanmeldeinformationen dir zu behalten und diese keinem anderen zu geben – ähnlich wie bei deinem E-Mail-Konto.
Wenn du deine Kryptowährungen allerdings einer dritten Partei anvertrauen musst, erhöht sich auch das Risiko eines Totalverlusts, z. B. durch einen Hackerangriff oder dem Missmanagement durch diese besagte dritte Partei. Es hat bereits zahlreiche solcher Vorfälle gegeben, in denen die Kryptowährungen eines Nutzers von dessen Wallet verschwanden. Eines der prominentesten Beispiele ist wohl der Verlust von über 850.000 Bitcoin im damaligen Wert von über 450 Millionen US-Dollar im Jahr 2014 (der heutige Wert läge über 10 Mrd. US-Dollar).

Wenn du eine *Non-Custodial-Wallet* verwendest, vertraust du somit keiner externen Partei, sondern nur dir selbst. Sei dir aber auch darüber im Klaren, dass, falls du deinen Private Key verlierst, du auch den gesamten Zugriff auf deine Kryptowährungen verloren hast.
Bei CoinGecko glauben wir an das Mantra „not your keys, not your coin", was bedeutet, dass du, wenn du nicht den alleinigen Zugriff auf deine Kryptowährungen hast und deine Private Keys nicht selbst verwahrst, du deine Kryptowährungen auch nie wirklich besitzt. Genau deshalb sind wir davon überzeugt, dass du dich im Bereich der Finanzen und Kryptowährungen immer weiterbilden und immer die alleinige Verantwortung für deine Coins bzw. Kryptowährungen übernehmen solltest.

Welche *Wallet* sollte ich eigentlich benutzen?

Es gibt eine Vielzahl an *Wallets*, zwischen denen du wählen kannst. Um generell beim Thema dieses Buchs zu bleiben, werden wir dir daher zwei DeFi-freundliche *Wallets* vorschlagen, damit du in Zukunft jederzeit problemlos mit der Ethereum-Blockchain interagieren kannst.

Eine Wallet für mobile Benutzer: *Argent*

Für mobile Benutzer, die ihre Finanzen bequem über ein Smartphone steuern möchten, bietet sich die Verwendung der sogenannten *Argent Wallet* an. Bei *Argent* handelt es sich um eine *Non-Custodial-Wallet*, welche benutzerfreundlich ist und hohe Sicherheitsstandards bietet. Benutzerfreundlichkeit und Sicherheitsstandards sind übrigens in der Krypto-Welt nicht immer unbedingt zusammen vorhanden, daher denken wir, dass dies eine gute Wahl ist. Die Sicherheit wird hierbei durch sogenannte Argent Guardians gewährleistet, worunter man Personen, Geräte oder Dienste von Drittanbietern versteht, die deine Identität überprüfen.

Die *Argent Guardians* ermöglichen es dir, auf deinen Wunsch deine Wallet sperren zu lassen und sofort alle dort vorhandenen Kryptowährungen bis auf weiteres einzufrieren. Das macht Sinn, falls du den Verdacht hegst, dass ein anderer nun auch Zugriff auf deine Wallet haben könnte. Deine Wallet wird dann entweder nach fünf Tagen automatisch entsperrt oder du kannst einen Argent Guardian darum bitten, sie dir bereits früher zu entsperren. Ebenso kannst du bei deiner Argent Wallet zusätzliche Sicherheitsmaßnahmen festlegen, um die Sicherheit deiner Wallet zu verbessern, zum Beispiel ein tägliches Transaktionslimit. Das wäre sinnvoll, um einen Hacker daran zu

hindern, mit einem Schlag deine kompletten Kryptowährungen abzuräumen.
Wann immer dein tägliches Transaktionslimit erreicht wird, erhältst du dann eine Benachrichtigung, und alle Transaktionen, die das Limit überschreiten, werden für mehr als 24 Stunden verzögert. Du kannst dennoch mithilfe der *Argent* Guardians große Transaktionen über das Limit hinaus explizit genehmigen.

Mit einer *Argent Wallet* kannst du also problemlos direkt aus der Hosentasche mit deinen *DeFi-DApps* interagieren, ohne dass du eine andere Anwendung oder ein anderes Gerät verwenden musst.

Das Unternehmen *Argent* verdient übrigens kein direktes Geld mit dem Angebot ihrer *Wallet*, sondern mit kleinen Zusatzoptionen, die sie anbieten, hierzu zählt z. B. die Übermittlung von Kunden an *Kyber*. Auch sonst sind *Wallet*-Dienstleistungen ein Invest in die Zukunft. Denn wenn Millionen von Benutzern erst einmal eine bestimmte Wallet tagtäglich benutzen, ist ein gewisses Vertrauen in die Marke vorhanden.

Argent-Wallet: Ein Schritt-für-Schritt-Anleitung

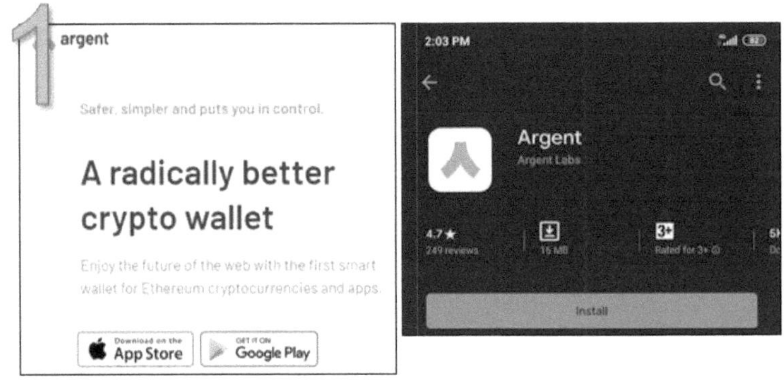

Schritt 1

- Gehe direkt auf https://argent.link/coingecko
- Lade dir die App auf dein Smartphone herunter

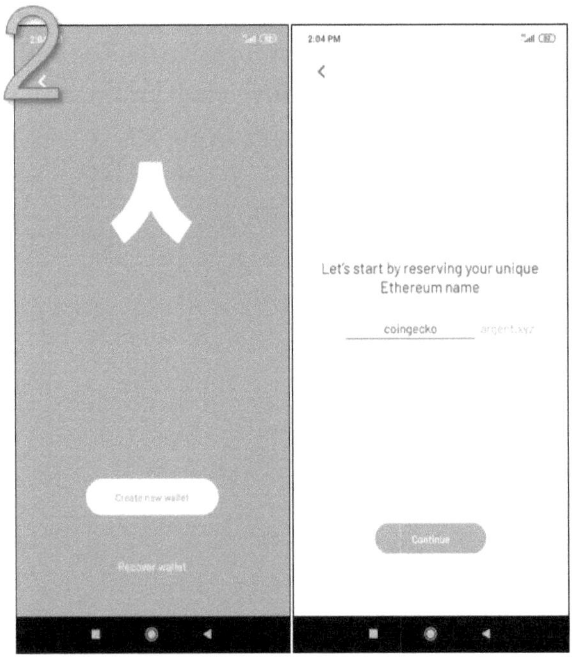

Schritt 2

- Sobald ein Download erfolgt ist, kannst du di einen individuellen Kurznamen aussuchen, den du für deine Argen Wallet vergeben kannst

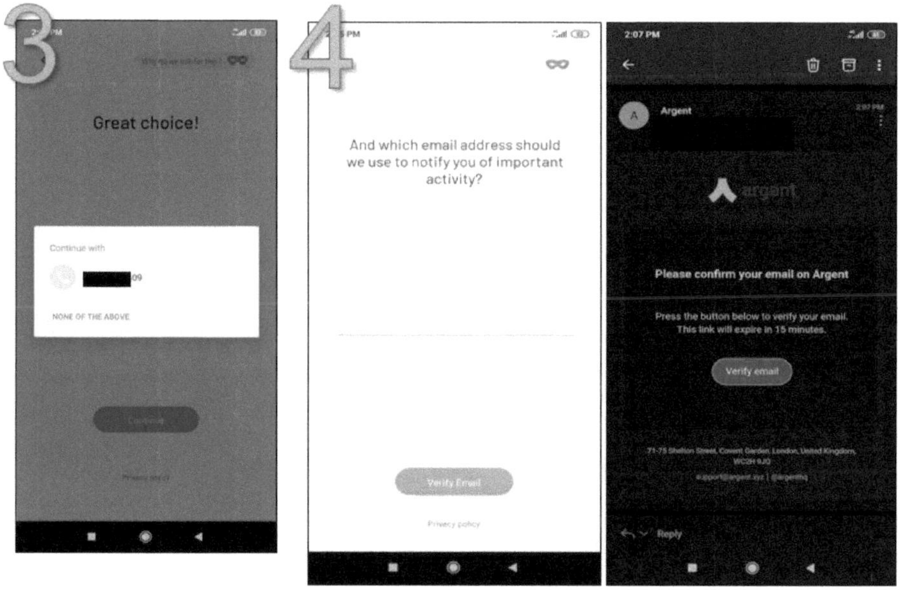

Schritt 3:

- Die Argent-App wird dich fragen, ob du deine Handynummer aus Sicherheits- und Identifizierungsgründen angeben möchtest.

Schritt 4

- Danach wird dich die Argent-App nach deiner E-Mail-Adresse fragen. Kurz darauf erhältst du eine Verifizierungsmail, die du aus der E-Mail heraus bestätigen musst.

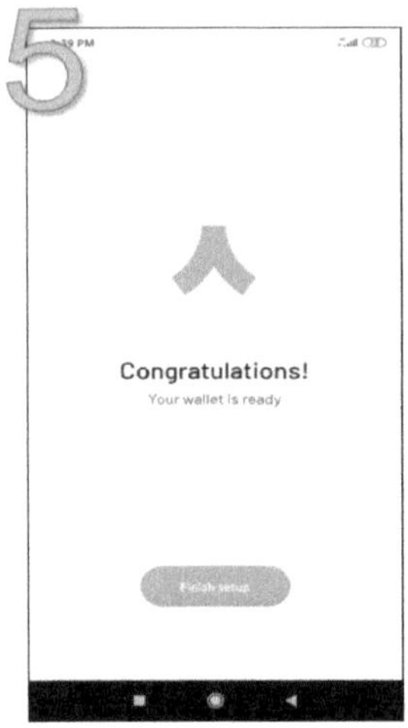

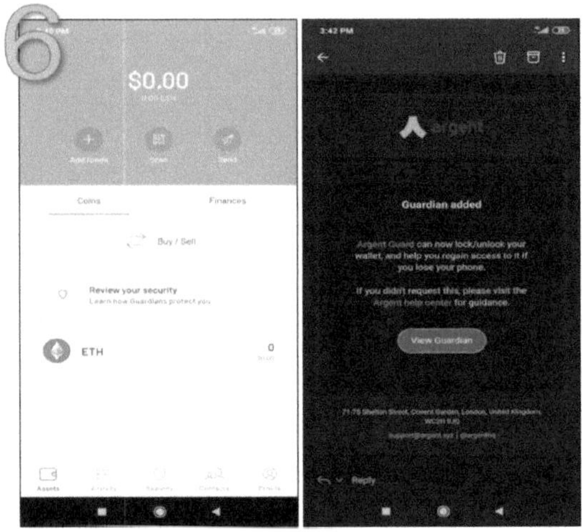

Schritt 5:

- Da *Argent* sich in der DeFi-Community einer hohen Beliebtheit erfreut, wirst du vermutlich zuerst auf die Warteliste gesetzt. Es könnte etwas schneller gehen, wenn du es über den Link hier versuchst: https://argent.link/coingecko

Schritt 6

- Nun kannst du damit beginnen, deine Kryptowährungen an deine neue Wallet zu transferieren. Du kannst ebenso in Erwägung ziehen, gewünschte *Argent Guardians* zu deiner Sicherheit hinzuzufügen.

Eine Wallet für Desktop-Benutzer: *MetaMask*

Für Desktop-Benutzer bietet sich die Verwendung von *Metamask* an, eine Webbrowser-Extension (im Prinzip eine App, die in deinem Browser läuft). Diese Wallet kannst du in den Browsern *Chrome, Firefox, Opera* und *Brave* verwenden. Wie *Argent* ist auch *Metamask* eine *Non-Custodial-Wallet.* Ebenso handelt es sich hierbei um eine auf das Ethereum-Netzwerk ausgelegte *Wallet*, die direkt mit der Blockchain kommuniziert.

Du kannst all deine *Ethereum-* und *ERC20-Token* auf deiner *Metamask* speichern. Als Interaktionsbrücke ermöglicht dir *Metamask*, alle dezentralisierten Anwendungen (*DApps*) im Ethereum-Netzwerk zu verwenden. Ohne die Verwendung einer Interaktionsbrücke wie *MetaMask* wäre dein Browser nicht in der Lage, auf die Ethereum-Blockchain zuzugreifen, es sei denn, du würdest einen vollständigen Ethereum-Knoten betreiben und die gesamte Ethereum-Blockchain von über 400 GB auf deinen Computer herunterladen. Auf technischer Ebene hilft dir *MetaMask*, indem es eine Javascript-Bibliothek im Hintergrund laufen lässt und diese in die Seite deines Browsers einfügt, um dir eine einfache Interaktion mit dem Ethereum-Netzwerk zu ermöglichen. Du musst jedoch auch Vorkehrungen treffen, um deine *MetaMask* sicher und geschützt aufzubewahren. Jeder, der im Besitz deines Passworts oder deiner Seed-Phrase (eine geheim zu haltende Reihenfolge von Wörtern, die dir bei der Anmeldung zur Wallet gegeben wurde) ist, wird die vollständige Kontrolle über deine *Wallet* haben.
Auf die meisten *DeFi DApps* kann mit *MetaMask* zugegriffen werden und in den späteren Kapiteln wirst du feststellen, dass wir bei den Schritt-für-Schritt-Anleitungen selbst immer eine *MetaMask* verwenden.

MetaMask-Wallet: Ein Schritt-für-Schritt-Anleitung

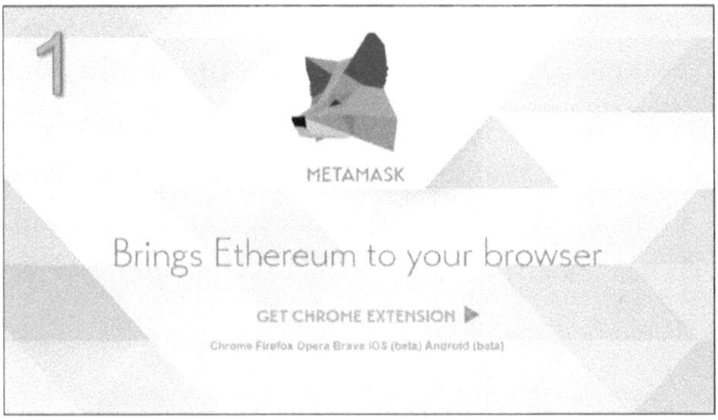

Schritt 1

- Geh zu https://metamask.io/
- Lade dir die Extension in deinem Browser herunter.

Schritt 2

- Nachdem du die Extension heruntergeladen hast, klicke auf „Get Started“

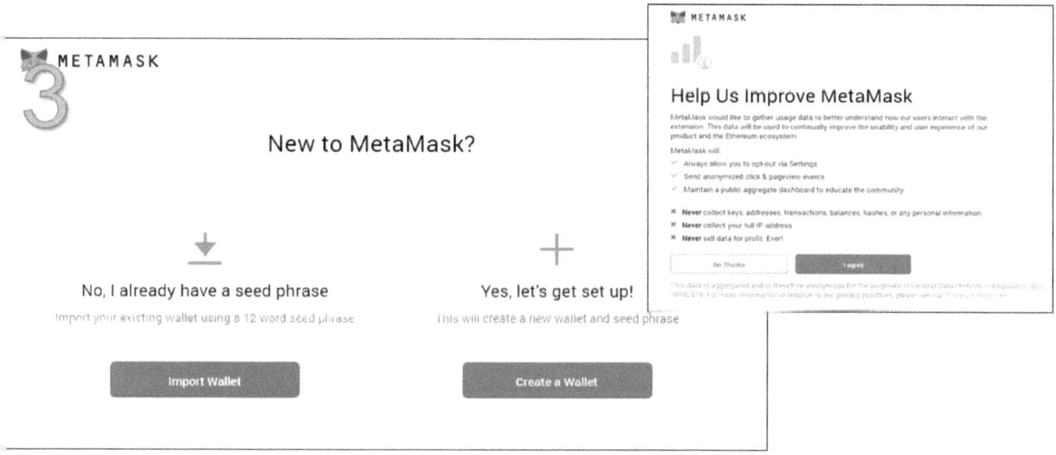

Schritt 3:

- Klicke auf “Create a Wallet” und klicke dann “Next”

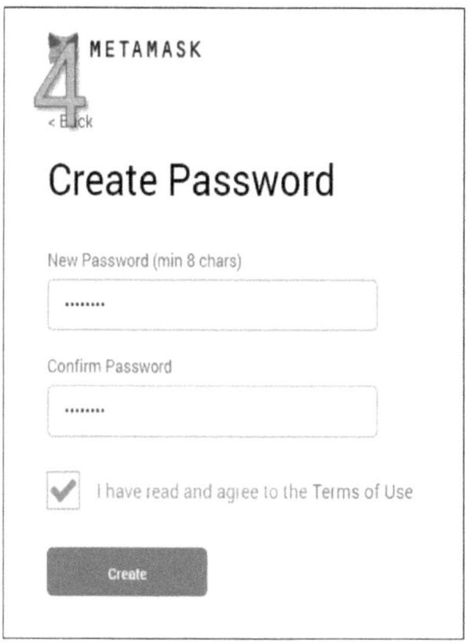

Schritt 4:

- Vergebe hier dein Passwort und bestätige es noch einmal.

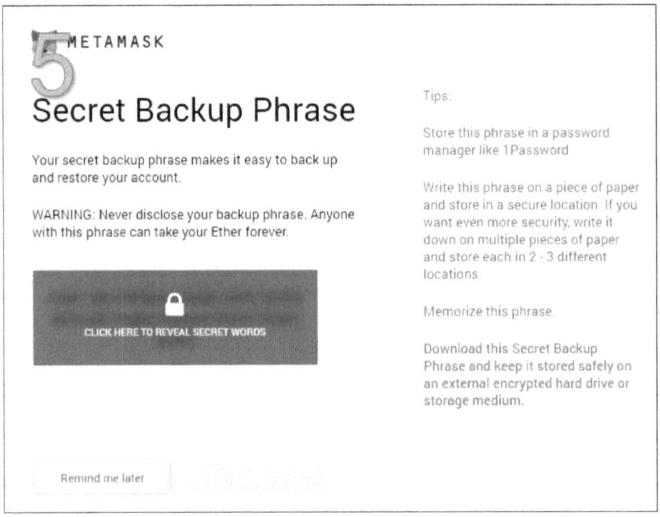

Schritt 5: **(ACHTUNG! BITTE GENAU LESEN!)**

- Du erhältst eine geheime *BackUp-Phrase* – eine Reihenfolge von mehreren Wörtern.
- Verliere diese NIEMALS!
- Zeige diese NIEMALS irgendjemanden.
- Wenn du diese Phrase verlierst, wirst du keine Möglichkeit haben, diese jemals wieder herstellen zu können.
- Wenn diese Phrase irgendjemand anderes kennen sollte, kann er über all deine Kryptowährungen verfügen und diese auch entnehmen.

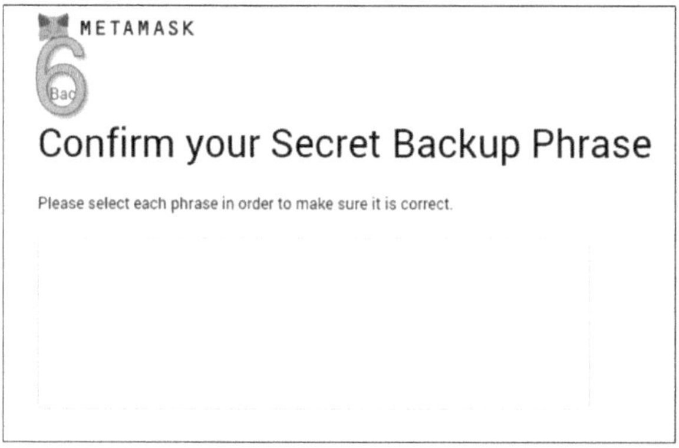

Schritt 6

- Man wird dich nun auffordern, deine Phrase dir schriftlich auf Papier zu notieren

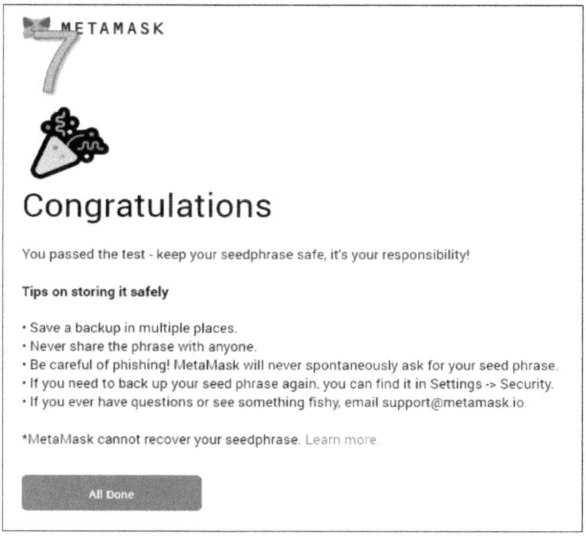

Schritt 7

- Glückwunsch! Deine *Wallet* wurde erstellt! Du kannst sie nun für *Ethereum* und weitere *ERC-20 Token* verwenden.

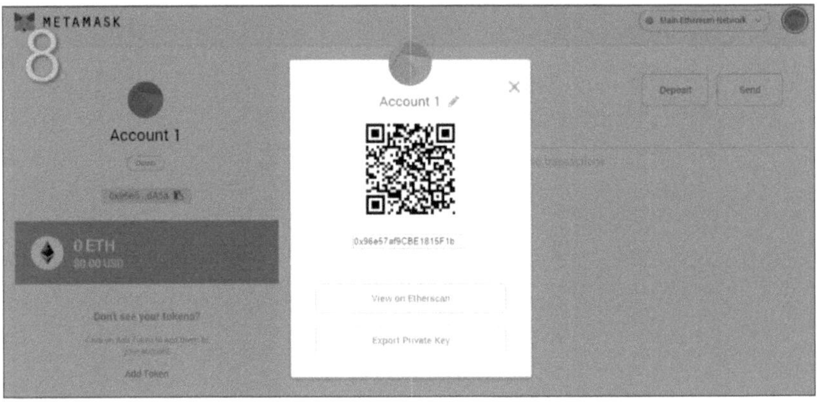

Schritt 8

- Hier siehst du deinen *Public Key*, eine Art Kontoadresse deiner *Wallet* – wenn auch nur anonymisiert aus Ziffern bestehend.
- Diese Kontoadresse kannst du auch mit dem QR-Code abscannen. Man muss die ganzen Ziffern also nicht mühsam notieren.

Ein kleiner Hinweis: Seit Anfang September 2020 gibt es für alle, die eine *MetaMask-Wallet* nutzen, nun auch eine App für das Smartphone.

Die App gibt es für *Android* und *iOS* und kann mit deiner Browser-Erweiterung synchronisiert werden.

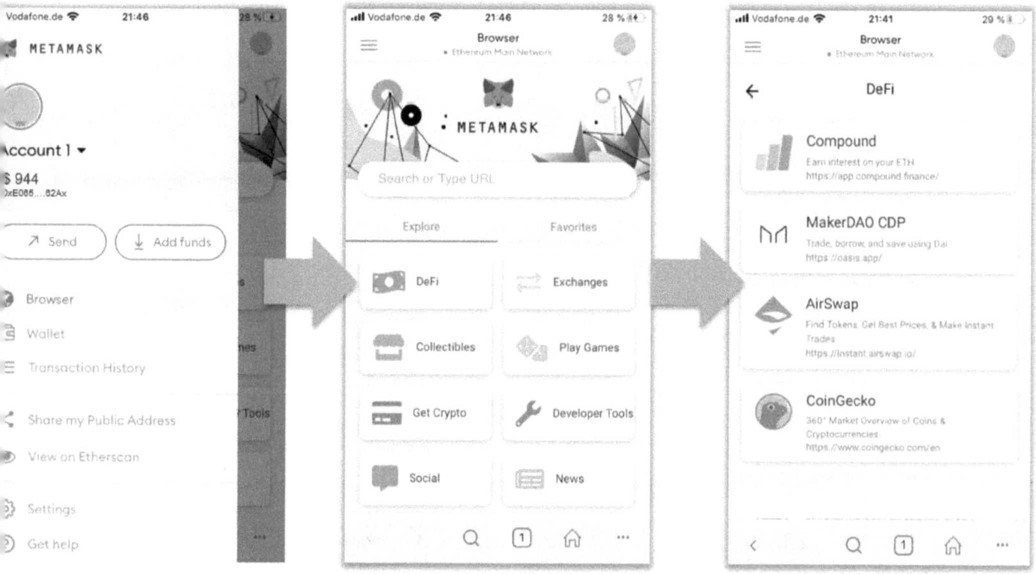

Ein weiterer Bonus hierbei ist, dass du von dieser Wallet-App heraus auch in einer Art geschützten Browser surfen kannst, der dir einen direkten Zugang zu DeFi-Plattformen, wie z. B. Compound oder *MakerDao*, anbietet. Natürlich haben auch wir – CoinGecko – es dort in die Auswahlliste geschafft und freuen uns, wenn du dich bei uns über Neuheiten aus der DeFi-Welt informierst.

Teil 3: Tauche tief ein in die DeFi-Welt!

Kapitel 5: Stablecoins

Die Preise von Kryptowährungen können enormen Schwankungen unterliegen, d. h., sie sind extrem volatil. Um diese Volatilität abzuschwächen, wurden *Stablecoins* erschaffen, die an andere stabile Vermögenswerte wie z. B. den US-Dollar gebunden sind. *Stablecoins* helfen den Benutzern, sich gegen die Preisvolatilität abzusichern, und haben den Anspruch, ein zuverlässiges Tauschmittel zu sein. *Stablecoins* haben sich seither schnell zu einer starken Komponente im DeFi-Bereich entwickelt.

Auf CoinGecko haben wir derzeit 19 unterschiedliche *Stablecoins* gelistet. Allein die Top 5 dieser *Stablecoins* erreichen eine Marktkapitalisierung von über 17 Milliarden US-Dollar. Tendenz steigend, denn der Bedarf an DeFi-Anwendungen und einem neuen Finanzsystem erfordert neben den volatilen Kryptowährungen ebenso standhafte und stabile Alternativen.

Die Top-5 Stablecoins (November 2020)			
Rang	**Name des Stablecoins**	**Symbol**	**Marktkapitalisierung**
1	Tether	USDT	14 Mrd. Euro
2	USD Coin	USDC	2,5 Mrd. Euro
3	Dai	DAI	814 Mio. Euro
4	Binance USD	BUSD	603 Mio. Euro
5	HUSD	HUSD	280 Mio. Euro

Abbildung 3 - Die 5 größten Stablecoins (Quelle: CoinGecko)

Die Rangfolge der beliebtesten Stablecoins ändert sich ständig. Eine aktuelle Übersicht findest du z. B. unter https://stablecoinstats.com/
In diesem Kapitel werden wir uns vor allem mit den an den US-Dollar gebundenen *Stablecoins* befassen. Nicht alle *Stablecoins* sind gleich, da sie jeweils unterschiedliche Mechanismen verwenden, um ihre Bindung an den US-Dollar aufrechtzuerhalten. Grundsätzlich unterscheidet man bei *Stablecoins* zwischen fiat- und kryptobesicherten *Stablecoins.* Die meisten *Stablecoins* verwenden das fiat-besicherte System, um ihre US-Dollar-Bindung aufrecht erhalten zu können.

Zur Vereinfachung betrachten wir zwei US-Dollar-*Stablecoins, Tether* (USDT) und *Dai* (DAI), um die Unterschiede in ihrem Pegging-Management (die Fixierung eines Wechselkurses) aufzuzeigen.

Tether (USDT) bindet sich an 1 US-Dollar, indem es Reserven von 1 US-Dollar pro geprägten *Tether-Token* bindet. Obwohl *Tether* der größte und am weitesten verbreitete US-Dollar-*Stablecoin* mit einem täglichen Handelsvolumen von durchschnittlich etwa 30 Milliarden US-Dollar im Januar 2020 war, werden *Tether*-Reserven in Finanzinstitutionen gehalten und die Nutzer müssen dem Unternehmen *Tether* als Ganzes vertrauen, um tatsächlich über die von ihnen beanspruchten Reservebeträge zu verfügen. *Tether* ist daher ein zentralisierter, fiat-besicherter *Stablecoin.*

Dai (DAI) hingegen ist mit Kryptowährungen wie z. B. *Ethereum* (ETH) besichert. Der Wert ist durch Protokolle, über die von einer dezentralisierten autonomen Organisation (einer DAO) abgestimmt wird, und ebenfalls durch *Smart Contracts* an 1 US-Dollar gebunden. Zu jeder Zeit können die Sicherheiten zur Generierung von DAI von den

Nutzern leicht überprüft werden. DAI ist eine dezentralisierte, kryptobesicherte *Stablecoin*.

Basierend auf der Marktkapitalisierung der Top 5 der *Stablecoins* dominiert *Tether* mit einem Marktanteil von ca. 80 %. Obwohl der Marktanteil des DAI wesentlich geringer ist, ist sein Handelsvolumen viel schneller gestiegen: um über 4.000 % im Vergleich zum Wachstum von *Tether* mit 126 % seit Anfang Januar 2020.

DAI ist im Prinzip die Antwort auf den *Tether* aus dem DeFi-Ökosystem heraus. Es ist der bevorzugte US-Dollar-Stablecoin, der im DeFi-Handel, bei der Kreditvergabe und anderen Aktivitäten verwendet wird. Um DAI noch besser zu verstehen, werden wir dir seine Plattform Maker vorstellen.

Maker

Maker ist eine Plattform, die auf *Smart Contracts* aufbaut und sich dabei der Ethereum-Blockchain bedient. Auf Maker gibt es zwei unterschiedliche Token:

- **Dai** (DAI) und
- **Maker** (MKR).

Dai (DAI) wurde im November 2019 ins Leben gerufen und wird auch als *Multi-Collateral Dai* bezeichnet. Es handelt sich hierbei um einen *Stablecoin*, der derzeit von Ether (ETH) und Basic Attention Token (BAT) in Form von Sicherheiten unterstützt wird. Es ist vorgesehen, dass in Zukunft weitere Sicherheiten in Form von anderen Vermögenswerten hinzukommen.

Maker (MKR) ist ein sogenannter *Governance-Token* der *Maker*-Plattform, mit dem die Benutzer über Verbesserungsvorschläge der Maker-Plattform abstimmen können. Maker ist eine Art von Organisation, die man auch als dezentralisierte autonome Organisation (DAO) bezeichnen kann.

Wer entscheidet eigentlich über MAKER?

Erinnerst du dich noch an die Stellen in diesem Buch, an denen wir bereits die dezentralisierten autonomen Organisationen (auch: DAO) erwähnt haben? Genau das ist die Stelle, an der der Maker-Token (MKR) ins Spiel kommt. Besitzer von *MKR-Coins* haben Stimmrechte, die sich proportional an der Menge ihrer MKR-Coins messen lassen. Damit können sie innerhalb der DAO über Parameter und Veränderungen des Maker-Protokolls abstimmen.

Die Parameter, über die ein stolzer Besitzer von MKR-Coins abstimmt, sind von entscheidender Bedeutung, um das Ökosystem gesund zu erhalten, was wiederum dazu beiträgt, dass der *Stablecoin Dai* an 1 US-Dollar gebunden bleibt. Wir gehen hierbei kurz auf drei Schlüsselparameter ein, die du im Ökosystem des Dai Stablecoins kennen solltest:

I. ***Collateral Ratio***

Die Menge an Dai, die ausgegeben bzw. geprägt werden kann, hängt von einer Sicherheitsquote ab.

Collateral Ratio von Ether (ETH) = **150%**

Collateral Ratio von Basic Attention Token = **150%**

Im Wesentlichen bedeutet dies, dass man bei einem Grad der Besicherung (*Collateral Ratio*) von 150 % für die Prägung/Herausgabe von 100 US-Dollar mindestens ETH oder BAT im Wert von 150 US-Dollar hinterlegen muss. Die Sicherheiten im Hintergrund von *Dai*-Coins können sich ständig ändern. Eine interessante Website, welche die Zusammensetzung der Sicherheiten hinter Dai aktuell aufzeigt, ist https://daistats.com

II. ***Stability Fee***

Die sogenannte *Stability Fee* (zu dt.: Stabilitätsgebühr) entspricht dem „Zinssatz“, den du zusammen mit einer Hauptschuld auf der Maker-Plattform zahlen musst. Die Stability Fee lag im September 2020 bei 5,5 %.

III. ***Dai Savings Rate (DSR)***

Die sogenannte *Dai Savings Rate* (abgekürzt: *DSR*) ist der Zins, den du allein für das Halten von Dai im Laufe der Zeit erwirtschaften kannst. Diese Angabe bzw. der Prozentsatz dient auch als monetäres Instrument, um die Nachfrage nach Dai jederzeit beeinflussen zu können. Der Zinssatz bzw. die DSR unterliegt allerdings ständigen Veränderungen. So stand er im Februar noch bei 7,50 % und wurde mit neuen Beschlüssen der MKR-Inhaber seit März auf 0 % gesetzt. Unter www.defirate.com/dai-savings-rate findest du die Zinshistorie der Plattform.

Warum lohnt es sich, sich DAI ausstellen zu lassen?

Warum solltest du einen höheren Wert an ETH oder BAT blockieren, nur um dir Dai mit einem niedrigeren Wert ausstellen zu lassen? Du hättest deine *ETH* oder *BAT* ja auch direkt in US-Dollar verkaufen können und nun mehr davon, als es mit *Dai* der Fall ist.

Dafür gibt es drei mögliche Gründe:

1. Du benötigst jetzt Bargeld und verfügst derzeit auch über einen Vermögenswert (z. B. Ethereum), von dem du überzeugt bist, dass dieser in Zukunft noch mehr wert sein wird und es nur eine Frage der Zeit ist, bis der Preis hiervon steigt.

2. Du benötigst jetzt Bargeld, aber möchtest deine Kryptowährungen verkaufen, denn dann würde es sich um ein steuerrelevantes Ereignis handeln und eine Besteuerung wäre dir sicher.

3. Du gehst davon aus, dass du in der Lage bist, mit etwas zusätzlichem Geld ergänzend zu deinen bereits vorhandenen Kryptowährungen weitere sinnvolle Investitionen einzugehen. In diesem Fall spricht man auch von einem Leverage-Effekt.

Wie genau kann ich DAI erhalten?

Generell kann man zwischen den folgenden zwei Möglichkeiten unterscheiden, um an Dai (DAI) zu gelangen:

Minting von DAI-Coins

Eine Möglichkeit ist das *Minting* bzw. das Prägen von *Dai-Coins*. Dies werden wir dir folgend anhand eines Beispiels von einem Pfandhaus im Detail erklären.

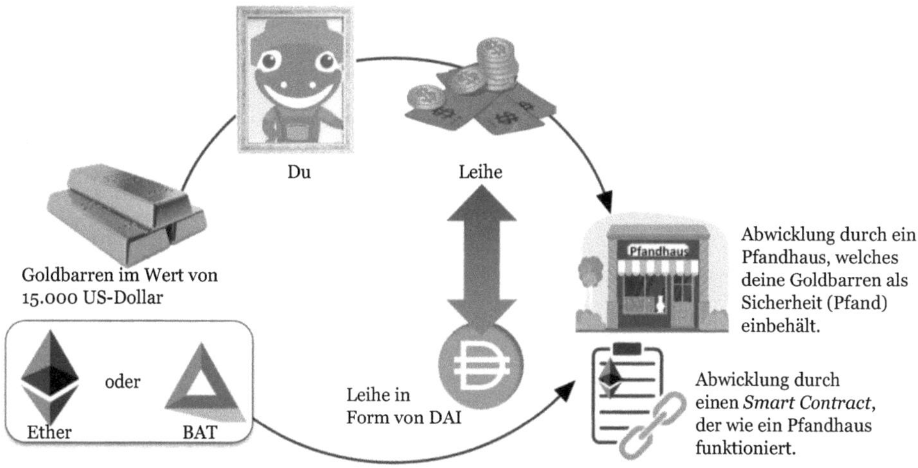

Abbildung 4 - Das Pfandhaus-Prinzip hinter den DAI-Coins

Gehen wir davon aus, dass du eines Tages plötzlich 10.000 US-Dollar in bar benötigen würdest. Das Geld hast du derzeit nicht auf deinem Bankkonto liegen und alles, was dir spontan einfällt, ist, dass du zufälligerweise bei dir zuhause im Tresor noch einen Goldbarren im Wert von 15.000 US-Dollar herumliegen hast. Du bist natürlich ein überzeugter Besitzer von Gold, der selbst annimmt bzw. darauf spekuliert, dass der Goldpreis in Zukunft noch steigen wird. Anstatt deinen Goldbarren jedoch gegen Bargeld an einen Juwelier oder z. B.

eine Privatperson zu verkaufen, entschließt du dich dazu, diesen bei einem Pfandhaus abzugeben und dir für diese Sicherheit die benötigten 10.000 US-Dollar zu leihen. Das Pfandhaus erklärt sich freundlicherweise auch mit diesem Angebot einverstanden, unter der Voraussetzung, dass du einen Zinssatz von 8 % für diesen Barkredit zu zahlen hast. Du bist einverstanden, unterzeichnest einen Vertrag mit dem Pfandhaus und möchtest diese Transaktion damit abschließen.

Leuchtet dir dieses Beispiel ein? Falls ja, müsstest du jetzt nur noch die Begriffe bzw. die Terminologie auf die *DAI*-Welt umändern, um das System dahinter zu verstehen.

Dein Goldbarren (Collateral bzw. Sicherheit)	→	Ether oder Basic Attention Token (Collateral - Multi-Collateral Dai)
Barkredit	→	Dai (DAI)
Das Pfandhaus	→	Maker
Der geschlossene Vertrag	→	Smart Contract (Vault)
Die anfallenden Zinsen	→	Stability Fee

Genau das ist der Vorgang, wenn du dir über die *Maker*-Plattform Dai ausleihen möchtest. Du benutzt *Ether* (ETH) oder *Basic Attention Token* (BAT) als Sicherheit und übergibst diese leihweise der Maker-Plattform. Dein Darlehen in Form von Dai musst du später zusammen mit den Darlehenszinsen (der *Stability Fee*) zurückzahlen, wenn du deine Ether oder BAT zurückbekommen willst. Um dir eine noch genauere Vorstellung von diesem Vorgang zu geben, lass es uns noch etwas detaillierter erklären:

Du gehst auf die Maker-Plattform (www.oasis.app) und kannst dir dort deine Dai ausleihen, indem du deine Ether oder BAT als Sicherheit hinterlegst. Angenommen, der Wert der Ether beträgt derzeit 300 US-Dollar, so könnest du jetzt 1 Ether als Sicherheit einbringen und dir dafür maximal 200 DAI (entspricht 200 US-Dollar) mit einer Sicherheitsquote von 150 % auszahlen lassen. Keine Bürokratie, keine Wartezeit und die Auszahlung erfolgt gleich darauf in den kommenden Minuten.

Ratsam wäre es, wenn du dir in diesem Fall und generell nicht unbedingt das Maximum von 200 US-Dollar auszahlen lassen würdest. Der Grund ist einfach: Du solltest dir immer einen Puffer im Verhältnis lassen, für den Fall, dass der ETH-Preis sinkt. Es ist generell ratsam, immer etwas Puffer einzuplanen, damit deine Sicherheitsquote über den 150 % bleibt. Das ist eine Gewährleistung, dass der Darlehensvertrag vom *Smart Contract* der *Maker*-Plattform nicht liquidiert werden muss und dir 13 % Liquidationsstrafe in Rechnung gestellt werden. Das würde dann geschehen, wenn der Preis von ETH fällt und damit auch deine Sicherheitsquote auf unter 150 % sinkt.

Mit DAI handeln

Die nun bereits aufgezeigten Methoden sind eine Möglichkeit, wie DAI erschaffen wird. Wenn DAI-Coins von der Plattform erst einmal erstellt wurden, kann man sie überall hin verschicken. Einige Benutzer können ihre DAI z. B. an Krypto-Währungsbörsen schicken und sich dort in Euro überweisen lassen. Du könntest dir natürlich auch DAI besorgen, indem du es auf Sekundärmärkten (z. B. Krypto-Währungsbörsen) kaufst.

Der Kauf von DAI auf diesem Weg ist einfacher, da du im Hintergrund keine Sicherheiten dafür abschließen und somit keinen weiteren Gedanken über das Sicherheitsverhältnis und die Stability Fee verschwenden musst.

Eine Auflistung, an welchen Börsen der *Stablecoin* DAI gehandelt wird, findest du natürlich auch auf unserer CoinGecko-Website.

Welche Risiken gibt es hierbei?

Als einen ‚schwarzen Schwan' bezeichnet man ein unvorhersehbares und extremes Ereignis, welches schwerwiegende Folgen haben kann. Nach *Nassim Talebs* Bestseller „Der Schwarze Schwan" ist es genau diese Art von Ereignissen, die nie hätten eintreten dürfen und es dennoch sind, da sie so unvorhersehbar waren. Im Fall von ETH oder BAT wäre ein signifikanter Absturz des Preises (und damit des Werts) ein Impuls, der bei *Maker* zu einer Notabschaltung führen könnte. Es handelt sich dabei um ein letztes Mittel, was dazu dient, die Maker-Plattform zu beruhigen. Dieser Prozess soll sicherstellen, dass Dai-Inhaber und -Leiher ihren Nettowert der ihnen zustehenden Vermögenswerte wieder zurückerhalten.

Warum sollte ich MAKER verwenden?

Wie bereits in Kapitel 2 bei den *Stablecoins* erwähnt wurde, gibt es einige unterschiedliche *Stablecoins* und die hauptsächlichen Unterschiede liegen in dem dahinterliegenden Protokoll. Im Gegensatz zu den meisten *Stablecoin*-Plattformen arbeitet die Maker-Plattform auf verteilten *Ledger* (weltweit verteilte und dezentrale Datenbanken).

Somit besitzt *Maker* von Natur aus Eigenschaften der *Blockchain*: gesichert, unveränderlich und vor allem transparent. Darüber hinaus wird die Infrastruktur von Maker mit umfassenden Risikoprotokollen und -mechanismen über Echtzeitinformationen verstärkt. Natürlich gibt es keine hundertprozentige Sicherheit, aber mit diesem technischen Ansatz kommt man schon ziemlich nah heran.

MAKER: Eine Schritt-für-Schritt-Anleitung

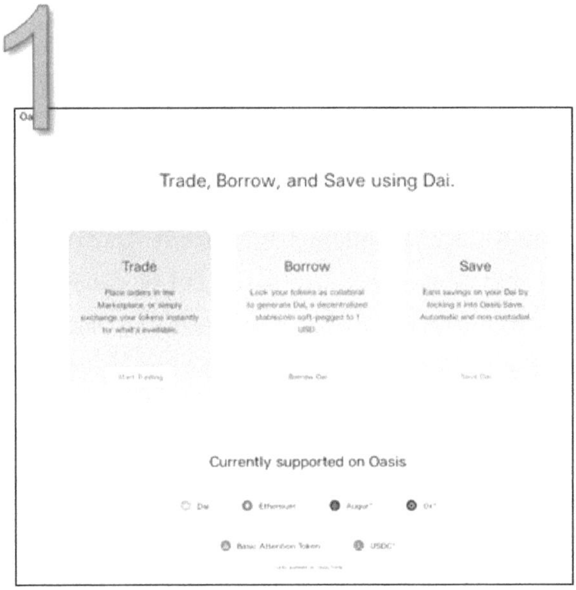

Schritt 1

- Gehe zur Seite https://oasis.app/
- Klicke dort auf „Borrow“.
- Hier wirst du darum gebeten, deine Wallet mit der Plattform zu verbinden. Das reine Verbinden ist kostenlos, sicher und alles, was du tun musst, ist, diese Transaktion der Verbindung zu bestätigen.

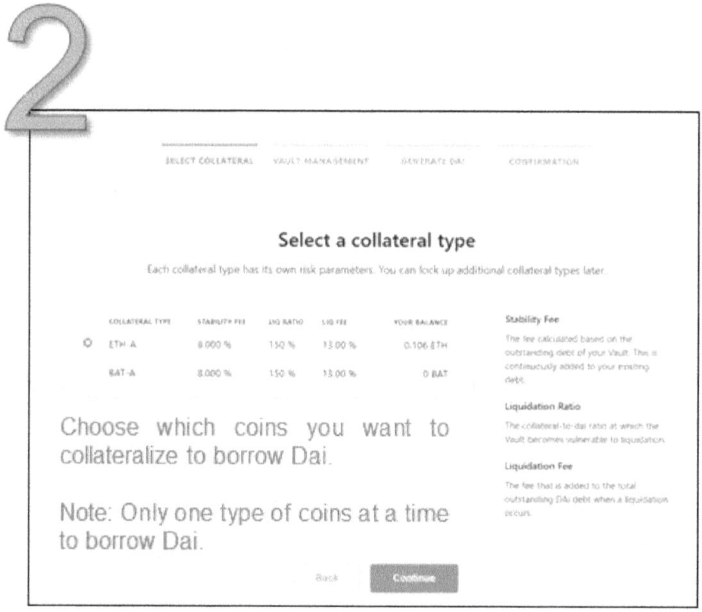

Schritt 2

- Klicke jetzt auf „Start Borrow“, sobald du auf der Borrow-Seite angekommen bist: https://oasis.app/borrow/

- Entscheide dich hier, welche Sicherheit (*Collateral*) deiner Kryptowährungen du in das Protokoll einzahlen möchtest.

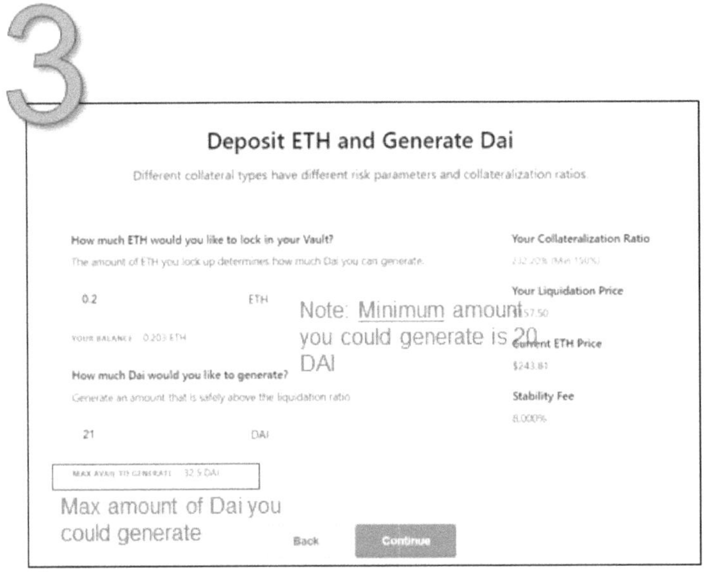

Schritt 3

- In diesem Beispiel entschieden wir uns dafür, Ether als Sicherheit zu hinterlassen.
- Trage den Betrag ein, den du bereit bist, als Sicherheit zu hinterlegen. Übrigens: Der Betrag muss den gleichen Wert wie 20 DAI haben oder darüber. (Man kann sich übrigens nicht weniger als 20 DAI ausleihen.)
- Folge nun den weiteren Anweisungen.

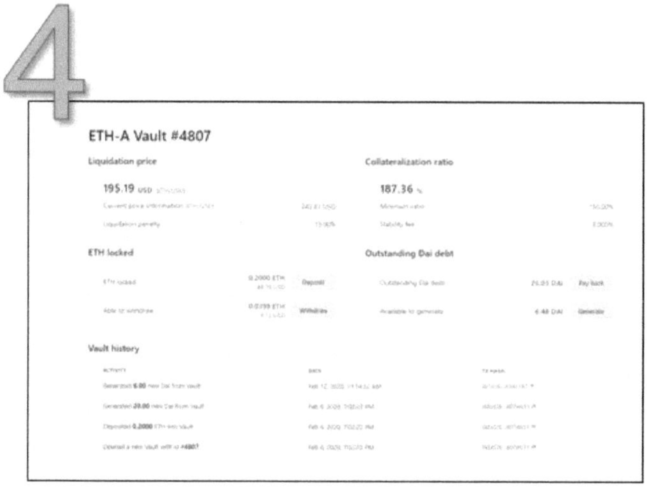

Schritt 4

Glückwunsch!

Dein eigener Wertspeicher (Tresor) mit Ether wurde nun in das Protokoll eingetragen.

Zusätzlich zur Prägung von neuen DAI kannst du auf der Maker-Plattform deine Kryptowährungen zum Sparen parken und Zinsen auf dein Vermögen erhalten. Dafür haben wir noch eine weitere Schritt-für-Schritt-Anleitung auf den nächsten Seiten vorbereitet.

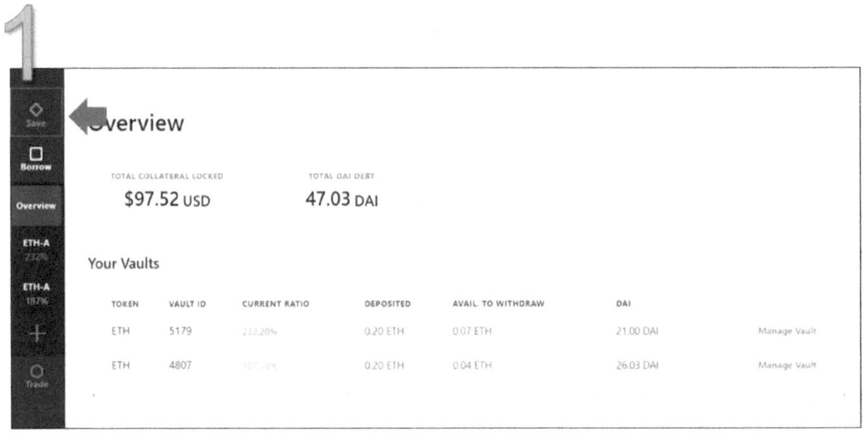

Schritt 1

Um deine DAI zu besparen und dafür Zinsen erhalten zu können, gehe auf https://oasis.app/save

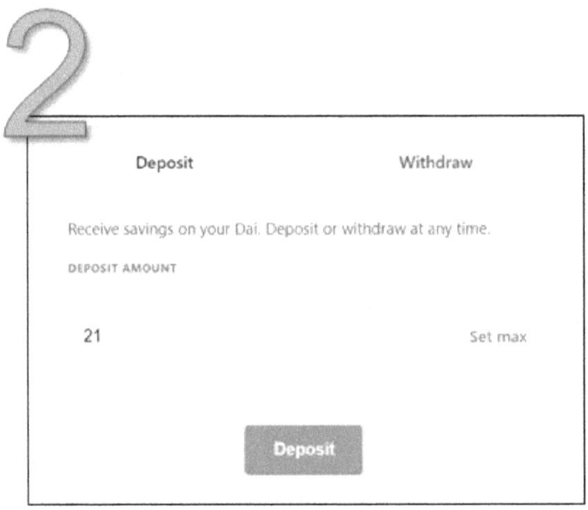

Schritt 2

- Klicke auf “Start Save”
- Trage den gewünschten Sparbetrag an DAI ein
- Klicke auf “deposit”
- Bestätige die Transaktion in deiner Wallet.

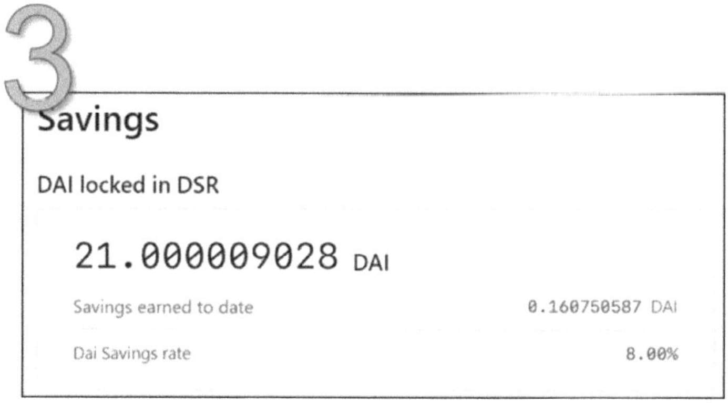

Schritt 3

- Und das war es schon!

- Hinweis: Du kannst hier nur ein Sparkonto haben und nicht mehrere. Du kannst aber nach deiner ersten Einzahlung, jederzeit weitere DAI einzahlen.

Empfohlene Literatur hierzu

1. Maker Protocol 101 (Maker)
https://docs.makerdao.com/maker-protocol-101

2. Maker for Dummies: A Plain English Explanation of the Dai Stablecoin (Gregory DiPrisco)

3. https://medium.com/cryptolinks/maker-for-dummies-a-plain-english-explanation-of-the-dai-stablecoin-e4481d79b90

4. What's MakerDAO and what's going on with it? Explained with pictures. (Kerman Kohli) https://hackernoon.com/whats-makerdao-and-what-s-going-on-with-it-explained-with-pictures-f7ebf774e9c2

5. How to get a DAI saving account (Ryan Sean Adams)
https://bankless.substack.com/p/how-to-get-a-dai-saving-account

Kapitel 6: Dezentrale Kredite

Eine der wohl relevantesten Bereiche des Finanzwesens ist das Kreditgeschäft bzw. das Verleihen und Leihen von Geldern. Dieser Bereich wird durch das Konzept des Kredits und der Besicherung ermöglicht und reicht bis zum Zeitalter der Renaissance zurück. Viele Ökonomen behaupten, dass erst das klassische Kreditgeschäft des Finanzwesens uns auf wirtschaftlicher Basis ein beispielsloses Wachstum ermöglichte.

Unternehmer können sich z. B. das für die Gründung eines Unternehmens benötigte Startkapital leihen, indem sie das Unternehmen besichern. Familien können z. B. eine Hypothek für ein Haus aufnehmen, dessen Barkauf sonst zu kostspielig wäre, während sie das Haus als Sicherheit verwenden. Auf der anderen Seite kann das angesammelte Vermögen als Kapital an Kreditgeber verliehen werden. Dieses System verringert das Risiko, dass die Kreditnehmer mit dem geliehenen Geld verschwinden und eine Investition zu einem Totalverlust wird.

Dieses System erfordert jedoch immer auch eine Form von Vertrauen und einen Vermittler. Die Rolle des Vermittlers wird dabei üblicherweise von den Banken übernommen und das Vertrauen wird durch ein verworrenes Kreditsystem aufrechterhalten, bei dem der Kreditnehmer die Fähigkeit zur Rückzahlung des Kredits nachweisen muss, um für die Kreditaufnahme qualifiziert zu sein.

Dies hat zu den unterschiedlichsten Herausforderungen und Unzulänglichkeiten des derzeitigen Kreditvergabe- und Kreditaufnahme-Systems geführt, wie z. B. restriktive Finanzierungskriterien, geographische oder rechtliche Beschränkungen des Zugangs zu Banken, hohe Barrieren für die Genehmigung von

Krediten und die gängige Tatsache, dass nur die finanziell starken Kreditnehmer in den Genuss der Vorteile einer risikoarmen Kreditvergabe mit hoher Rendite kommen. Das alles mag im europäischen Wohlstand nicht allzu präsent sein, gilt aber dennoch für die meisten Länder dieser Welt.

In der DeFi-Landschaft gibt es solche Barrieren nicht, da Banken einfach nicht mehr notwendig sind. Mit genügend Sicherheiten kann jeder einen Zugang zu Kapital haben, um zu tun, was immer er will. Die Kapitalvergabe ist auch etwas, das nicht mehr nur den Wohlhabenden zugute kommt, denn jeder kann zu einem dezentralisierten Liquiditätspool beitragen, aus dem Kreditnehmer zu einem algorithmisch bestimmten Zinssatz einen Teil des Kapitals entnehmen und später zurückzahlen können. Im Gegensatz zur Beantragung eines Kredits bei der Bank, wo es strenge ***Know-your-Customer (KYC)***- und **Anti-Geldwäsche-Richtlinien** (abgekürzt: „AML", steht für: *Anti-Money Laundering*) gibt, muss man bei DeFi nur die Sicherheiten stellen, um einen Kredit dafür aufzunehmen.

In diesem Kapitel werden wir dir zeigen, wie eine solche Kreditvergabe und Kreditaufnahme ohne eine Bank funktioniert. Um dir hiervon ein gutes Beispiel aufzeigen zu können, bedienen wir uns dem derzeitigen Marktführer Compound Finance, einem dezentralisierten Protokoll, welches auf das Kreditgeschäft in der DeFi-Welt spezialisiert ist.

Compound

Compound.Finance ist ein dezentrales, auf der *Ethereum*-Blockchain basierendes Open-Source-Protokoll, an das man seine Kryptowährungen senden oder sich andere Kryptowährungen leihen kann. Seit Februar 2020 können auf der *Compound*-Plattform ganze sieben unterschiedliche Token angelegt (indem man sie als Sicherheit dem Protokoll zusendet) oder ausgeliehen werden. Diese sind:

- ***Basic Attention Token*** (BAT)
- ***Dai*** (DAI)
- ***Ether*** (ETH)
- ***USD-Coin*** (USDC)
- ***Wrapped Bitcoin*** (WBTC) und
- ***0x*** (ZRX)

Die Funktionsweise von *Compound* kannst du dir als eine Art Liquiditätspool vorstellen, welcher ebenso auf der *Ethereum*-Blockchain aufbaut. Die Teilnehmer bzw. Kunden von *Compound* stellen dem Pool ihre Vermögenswerte zur Verfügung und verdienen im Gegenzug dafür Zinsen auf ihre Vermögenswerte, während die Kreditnehmer einen Kredit aus dem Pool aufnehmen können und Zinsen auf ihre dortigen Schulden zahlen müssen. Im Wesentlichen überbrückt *Compound* nur die Lücke zwischen Kreditgebern, die Zinsen aus ungenutzten Mitteln auflaufen lassen wollen, und Kreditnehmern, die Geld in Form von Kryptowährungen für private Zwecke oder Investitionen aufnehmen möchten.

Bei *Compound* werden die Zinssätze in Jahresprozentsätzen (***APY***, steht für: *Annual Percentage Yield*) angegeben und unterscheiden sich je nach Art der Kryptowährung. Compound leitet die Zinssätze für die verschiedenen Kryptowährungen durch Algorithmen ab, die Angebot und Nachfrage des Vermögenswerts berücksichtigen.

Im Wesentlichen senkt *Compound* die Reibungsverluste bei der Kreditvergabe und -aufnahme, indem es den Anbietern/Kreditnehmern ermöglicht, direkt mit dem Zinsprotokoll zu interagieren, ohne die Kreditbedingungen (z. B. Laufzeit, Zinssatz, Gegenpartei, Sicherheiten) aushandeln zu müssen, wodurch ein Geldmarkt geschaffen wird, der wesentlich schneller und effizienter ist, als dies bei den traditionellen Finanzinstituten der Fall ist.

Wie viel Zinsen kann man verdienen, oder muss man bezahlen?

Die Kennzahl *Annual Percentage Yield* (abgekürzt: *APY*) steht für den jährlichen prozentualen Ertrag, den du auf deine eingebrachten Kryptowährungen erhalten wirst. Dieser unterscheidet sich von Vermögenswert zu Vermögenswert, da er algorithmisch auf der Grundlage von Angebot und Nachfrage des Vermögenswertes festgelegt wird. Im Allgemeinen gilt: je höher die Kreditnachfrage nach einer bestimmten Kryptowährung, desto höher der Zinssatz (APY) und umgekehrt.

Am Beispiel des *Stablecoins* DAI würde man hier als Kreditgeber in einem Jahr 7,58 % verdienen (hier auf der SUPPLY-, also Angebotsseite), während ein Kreditnehmer (hier auf der BORROW-, also Nachfrageseite) nach einem Jahr 8,00 % Zinsen zahlen müsste.

All Markets

Market	Gross Supply	Supply APY	Gross Borrow	Borrow APY
Ether ETH	$98.42M +3.02%	0.01% -	$770k +1.17%	2.10% -
Dai DAI	$32.57M -0.95%	7.58% -	$17.50M +1.39%	8.00% -
USD Coin USDC	$26.86M -0.80%	5.48% +0.36	$17.65M +3.00%	8.92% +0.26

Wie kann ich mich bei Compound anmelden?

Ein weiterer Vorteil in der DeFi-Welt ist, dass dir eine Anmeldung meistens erspart bleibt. Nein, du musst hier kein Konto eröffnen oder dich identifizieren, und das ist das Schöne an den dezentralen Finanzanwendungen!

Im Gegensatz zu traditionellen Finanzanwendungen, bei denen die Benutzer zu Beginn langwierige Prozesse durchlaufen müssen, brauchen sich Compound-Benutzer eigentlich für nichts zu registrieren.

Jeder, der über eine unterstützte Krypto-Wallet wie *Argent*, *MetaMask* oder eine *Coinbase-Wallet* verfügt, kann sofort mit der Nutzung von Compound beginnen, indem er diese zur Anmeldung benutzt. Da deine Wallet einmalig ist, wird das Compound-Protokoll dich immer wieder sofort erkennen.

Wie verdiene ich Zinsen bei Compound?

Um Zinsen auf Compound verdienen zu können, musst du dem *Compound*-Protokoll deine Vermögenswerte bzw. Kryptowährungen zur Verfügung stellen.

Sobald du die von dir beschlossene Menge an Kryptowährungen im *Compound*-Protokoll deponiert hast, beginnt das Protokoll umgehend mit der Verzinsung der von dir eingebrachten Vermögenswerte! Die Zinsen fallen auf den von dir eingebrachten Betrag an und werden nach jedem Ethereum-Block (durchschnittlich alle 13 Sekunden) neu berechnet.

Bei der Einzahlung erhältst du deine eingebrachten Kryptowährungen als sogenannte *cToken* auf deine Wallet zurück. Wenn du z. B. DAI an das Protokoll gesendet hast, erhältst du kurz darauf sogenannte cDAI auf deine *Wallet* zurück, bei *Ether* würdest du sogenannte cETH zurückerhalten usw.

Die Zinsen werden nicht sofort an dich ausgezahlt, sondern fallen auf die cToken an, die du jetzt besitzt und die gegen den Basiswert und die Zinsen, die er repräsentiert, einlösbar sind.

Was sind eigentlich cToken?

cToken zeigen deinen Kontostand im *Compound*-Protokoll an und werden mit der Zeit verzinst. Bei *Compound* werden die Zinsen nicht sofort verteilt, sondern fallen stattdessen in den *cToken* an.

Das möchten wir dir anhand eines Beispiels aufzeigen. Nehmen wir an, dass du am 1. Januar 2020 1.000 DAI an das Compound-Protokoll geschickt hast und der *APY* während des gesamten Jahres 2020 konstant bei 10,00 % liegen würde.

Nachdem du am 1. Januar 2020 deine 1.000 DAI eingezahlt hast, erhältst du noch am 1. Januar 2020 deine 1.000 cDAI in deiner Wallet. In diesem Fall beträgt der Wechselkurs zwischen DAI und cDAI 1 zu 1.

Am 1. Januar 2021, also ein Jahr später, werden deine 1.000 cDAI nun um 10 % im Wert steigen. Der neue Wechselkurs zwischen DAI und cDAI beträgt nun 1 zu 1,10. Deine 1.000 cDAI kannst du nun gegen 1.100 DAI einlösen. Um die aufgelaufenen Zinsen zu berücksichtigen, sind cToken im Laufe der Zeit in einen steigenden Betrag des zugrunde liegenden Vermögenswerts, den sie darstellen, konvertierbar. cToken sind *ERC-20-Token* (also Token, die auf *Ethereum* aufbauen), was bedeutet, dass du dein „Eigentum“ bzw. deine Einlage an gelieferten Kryptowährungen auch leicht an jemanden übertragen könntest, wenn du einen Abnehmer dafür finden würdest.

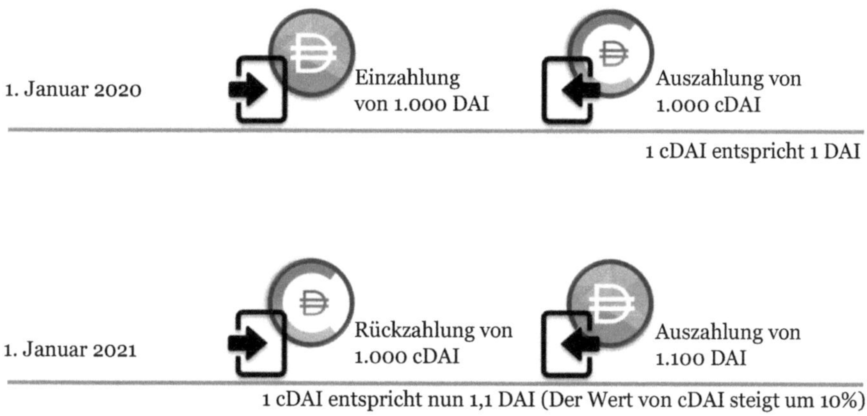

Abbildung 5 - Das Prinzip von cToken

Wie nehme ich bei Compound einen Kredit auf?

Bevor du einen Kredit im *Compound*-Protokoll aufnehmen kannst, musst du Kryptowährungen, also Vermögenswerte, als Sicherheit für dein Darlehen in das *Compound*-Protokoll einbringen. Jeder Vermögenswert hat einen anderen Besicherungsfaktor (auch: *Collateral-factor*). Je mehr Kryptowährungen du dem *Compound*-Protokoll zur Verfügung stellst, desto größer wird deine Kreditfähigkeit sein.

Die Kryptowährungen, die du dir auf Kredit ausleihst, werden direkt in deine Ethereum-Wallet gesendet. Von dort aus kannst du sie wie jede andere Kryptowährung verwenden – so wie du es möchtest! Bitte beachte, dass für das Ausleihen eine geringe Gebühr von 0,025 % erhoben wird, um Spams und einen Missbrauch des *Compound*-Protokolls zu vermeiden.

Was passiert wenn die Werte meiner Besicherung sich ändern?

Wenn du darüber nachdenkst, eine Sicherheit für einen Kredit in das *Compound*-Protokoll einzustellen, fragst du dich vielleicht, was passiert, wenn sich der Wert deiner eingebrachten Sicherheit ändert. Lass uns das einmal genauer betrachten:

Szenario 1. Der Wert deiner Sicherheit steigt.

Wenn der Wert der eingebrachten Kryptowährungen, die du als Sicherheit verwendet hast, steigt, steigt auch dein Besicherungsgrad, was in Ordnung ist. Es wird nichts passieren und du könntest nun sogar noch einen größeren Kredit aufnehmen.

Szenario 2. Der Wert deiner Sicherheit sinkt.

Wenn andererseits deine eingebrachte Sicherheit so weit sinkt, dass deine Sicherheiten jetzt unter der erforderlichen Sicherheitsquote liegen, wird deine Sicherheit zusammen mit einer Verwertungsgebühr von 5 % teilweise verkauft. Der Prozess des Verkaufs deiner Sicherheiten wird als Liquidation bezeichnet.

Was geschieht bei einer Liquidation?

Eine Liquidation liegt dann vor, wenn der Wert der gestellten Sicherheiten geringer ist als die ausgeliehenen Mittel. Damit soll vom *Compound*-Protokoll sichergestellt werden, dass stets überschüssige Liquidität für die Entnahme und Kreditaufnahme von Geldern vorhanden ist, während gleichzeitig die Kreditgeber vor dem Ausfallrisiko geschützt werden. Die derzeitige Liquidationsgebühr beträgt 5 %.

Und das war auch schon alles zu *Compound* – wenn du direkt loslegen oder es ausprobieren möchtest, haben wir dir hier eine Schritt-für-Schritt-Anleitung beigefügt, in der wir dir zeigen, wie du (i) dem Pool deine Kryptowährungen zur Verfügung stellst und (ii) dir aus dem Pool neue Kryptowährungen als Kredit ausleihen kannst.

Compound: Eine Schritt-für-Schritt-Anleitung

So zahlst du Kryptowährungen ein

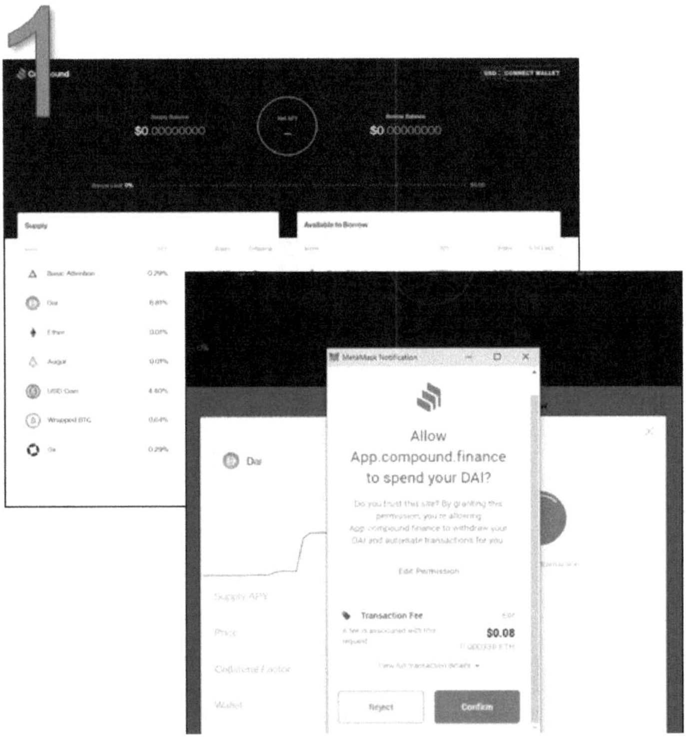

Schritt 1

- Gehe zu https://app.compound.finance.
- Klicke dort auf **App** und dann auf **Connect Wallet**, um deine Wallet mit Compound zu verbinden.
- Mit einem Klick auf die gewünschte Kryptowährung kannst du direkt eine Einzahlung tätigen.

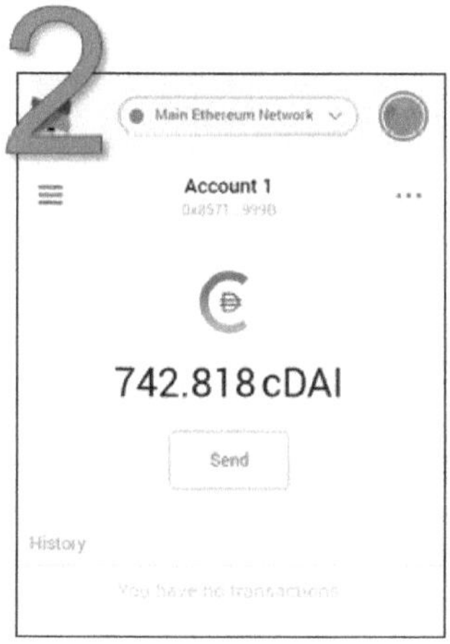

Schritt 2

- Für deine Einzahlung erhälst du im Gegenzug sogenannte *cToken* in deine Wallet zurück.
- Wenn du dein Geld auf einer Bank als Festgeld anlegst, stellt dir die Bank üblicherweise eine Festgeldbescheinigung als Nachweis der Platzierung aus. In ähnlicher Weise erhältst du hier nach der Bereitstellung von Vermögenswerten deine cToken, die die Art und den Betrag der von dir hinterlegten Vermögenswerte darstellen.
- Die cToken fungieren als Einzahlungsanspruch und erfassen die Zinsen, die du in der investierten Zeit verdienen wirst. Ebenso benötigst du die cToken auch, um dein Vermögen einzulösen oder wieder abheben zu können.

Schritt 3

In dem Moment, in dem du deine Kryptowährungen als Vermögenswerte hinterlegt hast, beginnst du bereits, Zinsen zu verdienen. Solange du die *cToken* in deiner *Wallet* behältst, sammeln sich die Zinsen auf deinem Konto an.

Schritt 4

Im Laufe der Zeit sammeln sich die Zinsen an und jedes *cToken* ist in einen größeren Wert der zugrunde liegenden Vermögenswerte konvertierbar. Du kannst deine *cToken* jederzeit einlösen und erhältst das Vermögen sofort in deine Wallet zurück.

So leihst du dir Kryptowährungen aus

Wichtige Hinweise:

- Bevor du einen Kredit beim Compound-Protokoll aufnimmst, musst du Kryptowährungen als Vermögenswerte in Form einer Sicherheit im *Compound*-Protokoll einzahlen.
- Jede Kryptowährung hat ihren eigenen Sicherheitsfaktor. Ein Sicherheitsfaktor ist das Verhältnis der Menge, die du an Kryptowährungen bereitstellen musst, um einen entsprechenden Kredit aufnehmen zu können.
- Übrigens kannst du leider nicht gleichzeitig den gleichen Token als Sicherheit einzahlen und dir diesen direkt wieder leihen.

Kryptowährungen ausleihen:

Schritt 1

Geh zur Hauptseite des Compound-Protokolls: https://app.compound.finance/

Wähle in der rechten Leiste aus, welche Kryptowährung du dir ausleihen möchtest. In unserem Beispiel entscheiden wir uns für den *Stablecoin* USD-Coin (USDC).

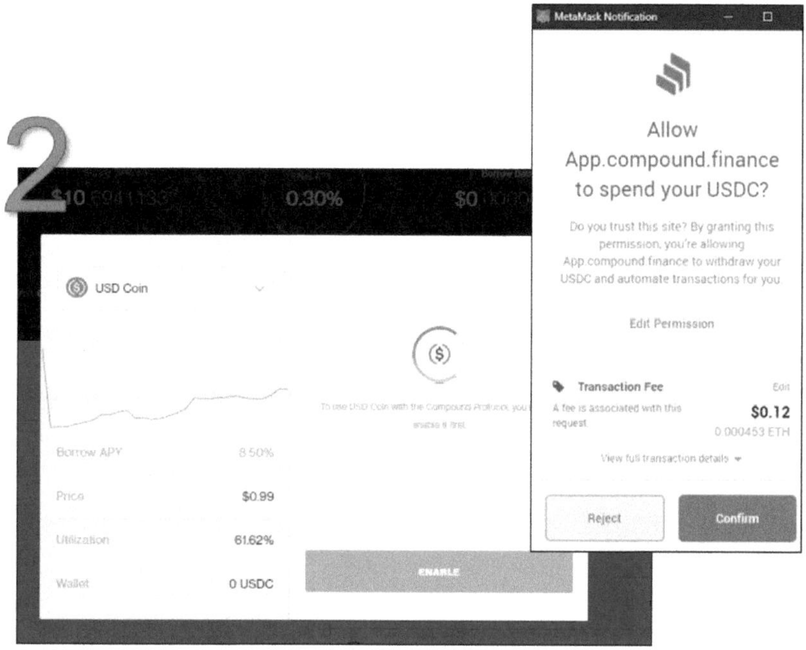

Schritt 2

- Ein Pop-up-Fenster bzgl. der angefragten USDC wird erscheinen.
- Als erstmaliger Benutzer musst du diese Funktion aktivieren bzw. muss jeder einzelne Token aktiviert werden.

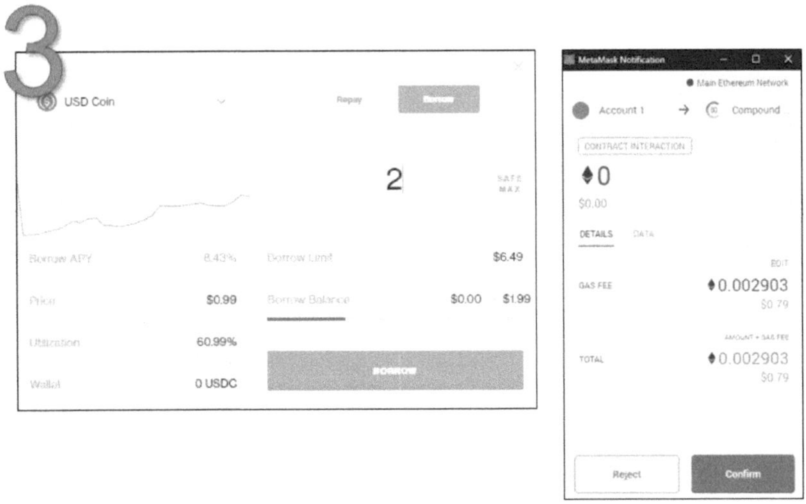

Schritt 3

- Nun kannst du den Betrag eingeben, den du dir leihen möchtest. In unserem Fall waren wir bescheiden und liehen uns für dieses Beispiel lediglich 2 USDC.

- Diese Transaktion müssen wir dann in unserer *Wallet* bestätigen.

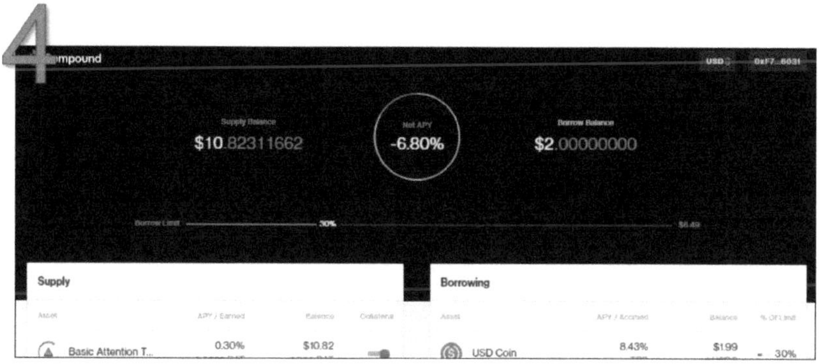

Schritt 4

- Du hast es geschafft!

- Auf der Hauptseite des *Compound*-Protokolls kannst du nun sehen, wie viel du in das Protokoll einbringst und wie viel du dir ausleihst.

Zusätzlicher Bonus: Der COMP-Token

Ein kleiner Zusatz, den du vom *Compound*-Protokoll noch erhältst, sobald du Kryptowährungen bereitstellst und diese auch aktiv ausleihst, ist das sogenannte *Liquidity Mining*. Durch die aktive Nutzung von Compound trägst du unbewusst dazu bei, dem Markt an Kryptowährungen und Compound eine gewisse Liquidität bereitzustellen. Dafür wirst du von Zeit zu Zeit mit der Ausschüttung eines sogenannten *COMP*-Tokens belohnt. Die Ausschüttung erfolgt dabei auf jedem Markt (ETH, USDC, DAI etc.) proportional zu den auf diesem Markt aufgelaufenen Zinsen. Kreditgeber und Kreditnehmer erhalten jeweils 50 % der ausgeschütteten COMP. *COMP* ist ein sogenannter *Governance-Token*, der dir eine Mitbestimmung über das *Compound*-Protokoll ermöglicht. Du kannst auf der Hauptseite deine anteiligen COMP-Token unter VOTE begutachten. Dort werden sie als *COMP earned* (bisher verdiente COMP) angezeigt.

Kapitel 7: Dezentrale Börsen

Zentralisierte Börsen (auch: *Centralized Exchanges*, CEX) ermöglichen es zwar, große Handelsgeschäfte mit viel Liquidität zu tätigen, bergen aber immer noch viele Risiken, da die Nutzer kein Eigentum an ihren Vermögenswerten haben. Im Jahr 2019 wurden Kryptowährungen im Wert von über 290 Millionen Dollar gestohlen und über 500.000 Login-Daten aus den Kryptowährungsbörsen entwendet.

Immer mehr Menschen sind sich genau dieser Risiken bewusst und mit dem Aufkommen von DeFi scheint der Trend hin zu Dezentralen Börsen (DEX) zu gehen. DEXs arbeiten mit *Smart Contracts* und *On-Chain-Transaktionen* (Transaktionen, die direkt auf der Blockchain stattfinden), um den Bedarf an einem Vermittler (z. B. einer zentralen Börse) zu reduzieren oder sogar ganz eliminieren zu können. Zu den derzeit beliebten dezentralisierten Börsen gehören z. B. Projekte wie *Kyber Network*, *Uniswap*, *Dex Blue* und *dYdX*.

Grundsätzlich kann man zwischen zwei Arten von *DEX*s unterscheiden:

- DEXs **auf der Basis eines Orderbuchs** und
- DEXs **auf der Basis von Liquiditätspools**.

Anbieter wie *dYdX* und *dex.blue* sind DEXs auf der Basis eines Orderbuchs. Sie funktionieren ähnlich wie zentrale Börsen, bei denen Benutzer ihre Kauf- und Verkaufsaufträge entweder zu den von ihnen gewählten Limit-Preisen oder zu den bestehenden Marktpreisen platzieren können. Der wesentliche Unterschied zwischen einer solchen DEX und einer üblichen zentralisierten Börse besteht darin, dass bei der zentralisierten Börse die Vermögenswerte für den Handel sich meist im Eigentum der Börse oder des Börsenhändlers befinden. Man verwaltet die Werte also für dich und wartet nur darauf, dass du einen entsprechenden Auftrag platzierst. Bei einer DEX besitzt du die

Vermögenswerte (Kryptowährungen in diesem Fall) in deiner Wallet und dies ändert sich nur dann, wenn du es aufgrund eines erteilten Auftrags so willst. Somit würde die Insolvenz oder das spurlose Verschwinden einer DEX dich nicht wirklich betreffen. Eine der größten Herausforderungen, vor denen DEXs – basierend auf Orderbüchern – stehen, ist allerdings die mangelnde Liquidität. Kunden müssen unter Umständen lange warten, bis Aufträge im Orderbuch ausgeführt werden, denn die DEX sucht nach einer geeigneten Gegenseite, die mit dir das Handelsgeschäft über die DEX eingeht. Damit dieses Problem gelöst werden kann, bildeten sich mit der Zeit neue DEXs, die auf Liquiditätspools basieren, heraus. Unter einem Liquiditätspool versteht man im Wesentlichen vorhandene Reserven an Token, die anhand Smart Contracts durch Benutzer bereitgestellt werden. Der Preis eines Tokens wird hierbei algorithmisch bestimmt und erhöht sich durch Angebot und Nachfrage. Beispiele für DEXs – basierend auf Liquiditätspools – sind z. B. *Kyber Network*, *Bancor* und *Uniswap*. In diesem Buch werden wir *Uniswap* als Beispiel verwenden.

Eine der von den zentralen Kryptowährungsbörsen angebotenen Funktionen ist das sogenannte Margin Trading. Der Marginhandel ermöglicht es einem Investor, gehebelte Positionen zu handeln, wodurch seine Kaufkraft gestärkt wird, um potenziell höhere Erträge erzielen zu können. Mit DeFi sind nun ebenso Innovationen erschienen, die den Marginhandel auf DEXs ermöglichen. Beispiele für DEXs, die dezentralisierten Marginhandel anbieten, sind *dYdX*, *NUO Network* und *DDEX*. In diesem Buch werden wir uns mit *dYdX* befassen, welches dezentralisierte Kredit- und Anleihemärkte mit dem Marginhandel an ihrer Börse kombiniert.

Uniswap

Die *Uniswap-Exchange* ist ein dezentralisiertes Token-Austauschprotokoll, das auf der Ethereum-Blockchain aufbaut und den direkten Tausch von Token ermöglicht, ohne dass ein Austausch mit einem zentralen Händler erfolgen muss. Wenn du eine zentrale Tauschbörse verwenden willst, müsstest du erst deine bereits im Besitz befindlichen *Token* bei einer Kryptowährungsbörse hinterlegen, einen Auftrag dort im Orderbuch platzieren und dann die nun eingetauschten Token zurück auf deine Wallet transferieren. Wenn man sich das im Detail überlegt, sind das ganz schön viele Schritte, die erforderlich sind.

Auf *Uniswap* kannst du deine bereits im Besitz befindlichen Token einfach direkt aus deiner Wallet heraus eintauschen, ohne die drei oben genannten Schritte durchlaufen zu müssen. Dafür musst du lediglich deine Token (die du gegen andere tauschen möchtest) an eine *Smart Contract*-Adresse von *Uniswap* senden und du erhältst dafür nur wenige Sekunden später deine gewünschten Tausch-Token zurück, und zwar direkt in deine Wallet. Eine Anmeldung oder langwierige Registrierung ist nicht erforderlich. Es genügt ein kurzes Verbinden mit deiner Wallet, keine weiteren Fragen zu deiner Person sind mehr erforderlich. Es gibt kein Orderbuch, der Wechselkurs des Tokens wird algorithmisch bestimmt. All dies wird über Liquiditätspools und den automatisierten Market-Maker-Mechanismus erreicht.

Was versteht man unter Liquidity Pools?

Liquidity pools (zu dt.: Liquiditätspools) sind Reservebestände an Token, die sich auf den *Smart Contracts* von *Uniswap* befinden und den Benutzern zum Tausch von Token zur Verfügung stehen. Ein Benutzer, der z. B. ein Handelspaar von ETH-DAI (Ethereum und DAI) mit 100

ETH und 20.000 DAI in den Liquiditätsreserven verwenden möchte, kann 202,02 DAI an den Uniswap-Smart-Contract senden, um im Gegenzug 1 ETH zu erhalten. Nach dem erfolgten *Swap* verbleiben im Liquiditätspool 99 ETH und 20.202,02 DAI.

Die Reserven der Liquiditätspools werden von Liquiditätsanbietern bereitgestellt, die einen sogenannten *Incentive* (Anreiz) erhalten. Dieser Anreiz ist in Form einer anteiligen Gebühr in Höhe der 0,3-prozentigen Transaktionsgebühr von *Uniswap* enthalten. Diese Gebühr wird bei jedem Nutzer für jeden Token-Swap auf *Uniswap* erhoben.

Bei *Uniswap* gibt es außerdem keine Einschränkungen und jeder kann ein Liquiditätsanbieter werden. Die einzige Voraussetzung ist, dass man die ETH und den jeweils eigenen börsennotierten Token zum aktuellen Uniswap-Kurs dem Protokoll zur Verfügung stellt. Im Februar 2020 waren bereits 125.000 ETH im *Uniswap*-Liquiditätspool gesichert bzw. blockiert. Im September 2020 waren es bereits 2.100.000 ETH, was einem Wachstum von 1.580 % entspricht. Die Höhe der von einem Pool gehaltenen Reserven spielt eine große Rolle bei der Preisfestsetzung durch den sogenannten *Automated Market Maker Mechanism.*

Was versteht man unter dem Automated Market Maker?

Die Preise der Vermögenswerte bzw. Kryptowährungen im Pool werden algorithmisch mithilfe eines *Automated Market Maker* (AMM)-Algorithmus bestimmt. Im Prinzip kannst du dir einen solchen AMM als eine Art Börsenmakler vorstellen, der Angebot und Nachfrage miteinander vergleicht und die Preise für alle Käufer und Verkäufer festsetzt. Ein AMM funktioniert, indem ein konstantes Produkt auf der Grundlage der Liquiditätsmenge auf beiden Seiten des Pools beibehalten wird.

Wir zeigen dir dies hier am besten anhand eines Beispiels, indem du *Ether* (ETH) und DAI in den Liquiditätspool einzahlen möchtest. Du besitzt 100 ETH und 20.000 DAI und diese willst du in den *Uniswap*-Liquiditätspool einbringen. Um deinen bereitgestellten Liquiditätsanteil (auch: „*Constant Product*" für konstantes Produkt) zu berechnen, wird *Uniswap* diese beiden Beträge miteinander multiplizieren.

ETH Liquidität (x)	*	DAI Liqudität (y)	=	Konstantes Produkt (k)
100	*	20.000	=	2.000.000

Bei Einsatz eines AMM muss das Konstante Produkt (k) nun zu jedem Zeitpunkt immer bei 2.000.000 bleiben. Wenn jemand die Ether über die DAI kauft, werden die Ether aus dem Liquiditätspool entfernt, während die DAI in den Liquiditätspool aufgenommen werden. Eins vorweg: Du übergibst dem Protokoll deine zwei unterschiedlichen Kryptowährungen (in diesem Fall *Ether* und *Dai*) und hast keine Kontrolle darüber, in welchem Verhältnis zueinander du am Ende deiner Liquiditätsbereitstellung du deine Kryptowährungen zurückerhalten wirst. Vielleicht wird der Anteil an Ether höher sein als der an DAI, aber es wird vom Wert her deinen Einsatz nicht unterschreiten. Der Preis für diese Ether wird asymptotisch festgelegt. Je größer der Auftrag, desto höher wird die Prämie ausfallen, welche vom Protokoll berechnet wird. Die Prämie bezieht sich hierbei auf den zusätzlichen DAI-Betrag, welcher erforderlich ist, um 1 Ether gegenüber dem ursprünglichen Preis von 200 Dai je Ether zu erwerben.

Die untenstehende Tabelle führt die asymptotische Preisgestaltung und die Liquiditätsbewegung bei Kaufaufträgen an die Ether genauer aus:

Gekaufte Ether (ETH)	*Kosten pro ETH in DAI*	*Gesamt in DAI*	*Premium*	*Neue DAI Liquidität*	*Neue ETH Liquidität*	*Product (k)*
1	202.02	202.02	1.01%	20,202.02	99	2,000,000
5	210.52	1,052.63	5.26%	21,052.63	95	2,000,000
10	222.22	2,222.22	11.11%	22,222.22	90	2,000,000
50	400	20,000	200%	40,000	50	2,000,000
75	800	60,000	400%	80,000	25	2,000,000
99	20,000	1,980,000	10,000%	2,000,000	1	2,000,000
100	Infinity	Infinity	Infinity	Infinity	0	2,000,000

Wie man in der Tabelle sehen kann, ist die Prämie umso höher, je größer die Menge an Ether ist, welche ein Nutzer kaufen möchte. Damit wird sichergestellt, dass dem Liquiditätspool nie die Liquidität ausgeht.

Wie bekommt man seine eigenen Token auf *Uniswap* gelistet?

Im Gegensatz zu zentralisierten Börsen verfügt *Uniswap* als dezentralisierte Börse nicht über ein Team oder einen Gatekeeper (Überwachungsteam), welches bewertet und entscheidet, welche *Token* bzw. Kryptowährungen aufgelistet werden sollen. Stattdessen kann jeder eigene *ERC-20-Token* (Kryptowährungen auf Ethereum-Basis) bei *Uniswap* notieren lassen und somit handelbar machen. Das setzt natürlich voraus, dass für das jeweilige Paar (z. B. Ether und Eigener Token XYZ) eine gewisse Liquidität auf *Uniswap* vorhanden ist. Ein Benutzer braucht hierbei nur mit der Plattform zu interagieren, um den neuen Token zu registrieren, und schon wird ein neuer Markt für diesen Token initialisiert. An dieser Stelle möchten wir aber auch auf deine Sorgfaltspflicht hinweisen: Ein Nutzer mit genügend

Hintergrundwissen könnte z. B. einen eigens geschaffenen *Fake-Token* (gibt vor, z. B. eine bekannte Kryptowährung zu sein) oder einen fast wertlosen Token hochzuladen, welcher später dann aggressiv beworben wird, nur um den Preis künstlich hochzutreiben. Genau deshalb solltest du dir, sobald du einen Swap (also: Tausch) auf *Uniswap* vornehmen willst, exakt darüber im Klaren sein, was du gegen deine Kryptowährungen eintauschst.

Und das ist im Prinzip alles, was du zunächst zu *Uniswap* wissen musst. Natürlich ist es am besten, das ganze einfach einmal in der Praxis auszuprobieren, und daher haben wir hier wieder eine Schritt-für-Schritt-Anleitung vorbereitet, welche dir zeigt, wie du

(i) deine Kryptowährungen gegen andere tauschst – also der *Swap*,

(ii) dem Liquiditätspool von *Uniswap* deine bereits vorhandenen Kryptowährungen zur Verfügung stellst und somit mit Prämien dafür entlohnt wirst,

(iii) wieder aus dem Liquiditätspool austrittst und deine Kryptowährungen zurückerhältst.

Was ist ein UNI-Token?

Der sogenannte *UNI-Token* ist ein *Governance-Token*, also ein *Token*, mit dem du auf der Uniswap-Plattform zukünftig über deren Gestaltung und Änderungen mitbestimmen kannst. Dieser wurde am 17.09.2020 veröffentlicht und mit einem bisher nie dagewesenen *Airdrop* (Kostenloser Verteilung zu Werbezwecken) an jeden ausgeschüttet, der mit seiner Wallet vor dem 01.09.2020 auf der Uniswap-Plattform gehandelt hatte. Alles was Benutzer von *Uniswap* zu dieser Zeit machen mussten war, sich mit der eigenen Wallet auf Uniswap anzumelden und ihre *UNI-Token* zu *„claimen“*.

Kurz darauf erhielt jeder Nutzer einen *Airdrop* von 400 UNI-Token auf die eigene Wallet ausgezahlt. Dieses “free money” sorgte für einige Aufregung. Insbesondere Leute aus wirtschaftlich eher schlecht aufgestellten Ländern waren sehr erfreut, da 1.000-2.000 US-Dollar dort mehrere Monatsgehälter darstellen und durch diesen *Airdrop* sogar staatlich ausgezahlte Corona-Pandemie-Hilfen in den USA übertroffen wurden.

Uniswap: Eine Schritt-für-Schritt-Anleitung

So tauschst du problemlos deine Kryptowährungen in andere Kryptowährungen

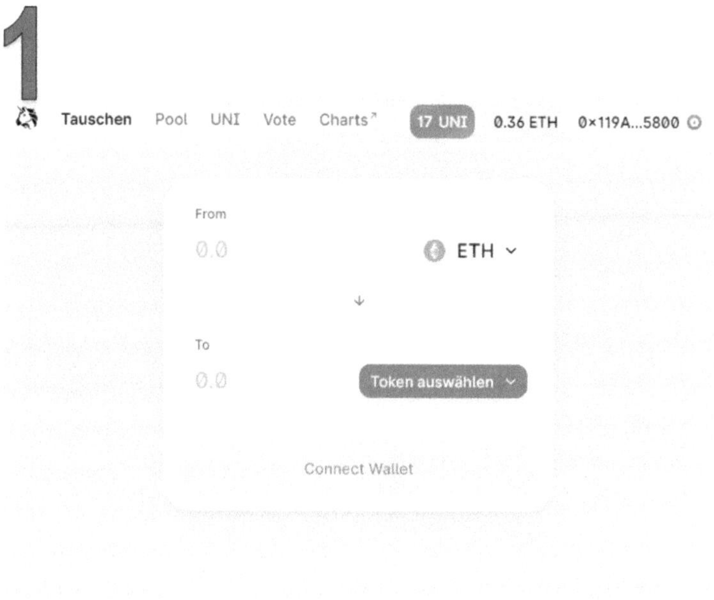

Schritt 1:

- Gehe auf https://app.uniswap.org/#/swap um hier deine Token tauschen zu können.

- Um Uniswap benutzen zu können, musst du oben rechts unter »Connect to a Wallet« dich mit deiner Wallet verbinden. Diese Verbindung bzw. Anmeldung wird dich nichts kosten, auch wenn du in deiner Wallet dieser Verbindung (eine Transaktion) zuerst zustimmen musst.

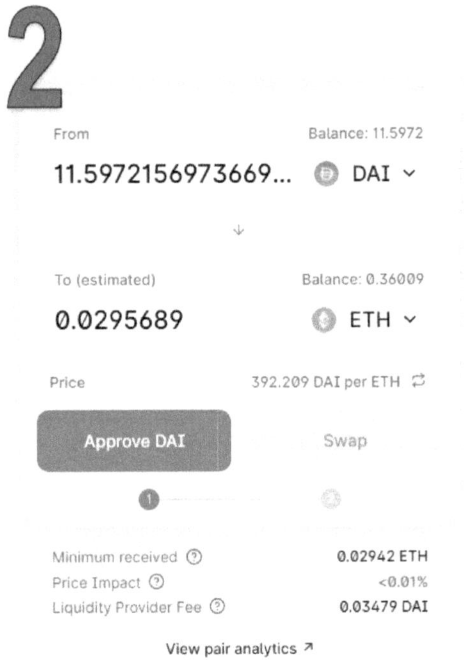

Schritt 2:
Im oberen Bereich (**From**) wählst du deine auf der *Wallet* befindliche Ausgangswährung aus und ebenso die Zielwährung (**To**), in die du gerne deine *Token* eintauschen würdest.

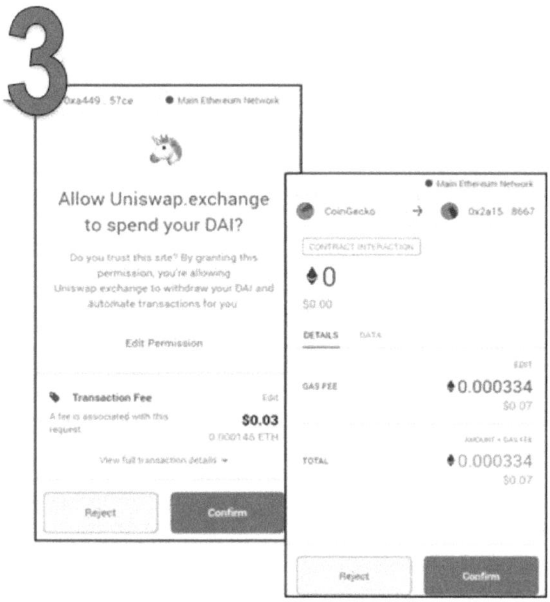

Schritt 3:

- Wenn es das erst mal ist, dass du nun Uniswap nutzt, musst du diese Transaktion auf deiner Wallet freigeben. Das wird dich eine geringe Transaktionsgebühr kosten.

- Gleich danach wirst du von deiner Wallet zur eigentlichen Transaktion geführt, welche du hier freigeben musst.

- Sobald die Transaktion genehmigt ist, findet der Tausch statt und deine DAI werden gegen Ether (ETH) eingetauscht und direkt auf deine Wallet gebucht.

So stellst du bei *Uniswap* Liquidität zur Verfügung:

Schritt 4:

- Gehe bei der *Uniswap*-Website auf »**Pool**« und wähle dann dort »**Add Liquidity**« aus. In unserem Fall, möchten wir Ether und Dai dem Liquiditätspool zur Verfügung stellen.
- Du solltest zusätzlich zu beiden *Token*, die du zur Verfügung stellen möchtest, immer noch über einen Restbetrag an *Ether* auf deiner *Wallet* verfügen, um mögliche Transaktionen bezahlen zu können.
- Nachdem du die Transaktion genehmigt hast und dann auf »**Supply**« geklickt hast, wird deine Beteiligung hier angezeigt und du kannst an den Umtauschgebühren der anderen Nutzer mitverdienen.

dYdX

dYdX ist ein dezentralisiertes Börsenprotokoll für Kreditvergabe, Kreditaufnahme und Margin-/Leverage-Handel. Es unterstützt derzeit hauptsächlich drei Kryptowährungen – Ether (ETH), USDC und DAI. Durch die Verwendung von Off-Chain-Orderbüchern mit On-Chain-Abwicklung zielt das *dYdX*-Protokoll darauf ab, effiziente, faire und vertrauenswürdige Finanzmärkte zu schaffen, die nicht von einer zentralen Behörde verwaltet werden.

Auf den ersten Blick scheint *dYdX* einige Ähnlichkeiten mit Compound zu haben – Nutzer können Kryptowährungen zur Verfügung stellen (verleihen), um Zinsen zu verdienen, und nach Hinterlegung von Sicherheiten auch Vermögenswerte verleihen (leihen). *dYdX* geht jedoch noch einen Schritt weiter, indem es eine Margin- und Leveraged Exchange mit dem ETH-Marginhandel mit bis zu 5-facher Hebelwirkung über die *Stablecoins* DAI oder USDC integriert.

Wie verleiht man Kryptowährungen bei dYdX?

Wenn du bereits Kryptowährungen besitzt und diese sonst unproduktiven Werte etwas passives Einkommen generieren lassen möchtest, kannst du deine Kryptowährungen auf *dYdX* verleihen. Dein Risiko ist hierbei relativ gering und durch die Einzahlung kannst du schon in wenigen Sekunden die ersten anteiligen Zinsen generieren, ohne dass eine zusätzliche Verwaltung erforderlich ist. Als Kreditgeber auf *dYdX* musst du lediglich die zu verdienenden Zinsen (APR) beachten.

Wer zahlt eigentlich meine Zinsen bei dYdX?

Die Zinsen, die du hier verdienen kannst, werden von den anderen Benutzern gezahlt, welche sich die Kryptowährungen, welche du zur Verfügung stellst, bei *dYdX* ausleihen. Dabei erlaubt *dYdX* nur überbesicherte Darlehen, was bedeutet, dass jeder Kreditnehmer genügend Sicherheiten eingezahlt haben muss, um im Worst Case den geliehenen Betrag hiermit zurückzuzahlen. Wenn die Sicherheit eines Darlehensnehmers unter den Grenzwert von 115 % Sicherheitsquote fällt (also weniger als 115 Euro in *Ether* für 100 Euro DAI-Darlehen), wird seine Sicherheit automatisch verkauft, bis er seine Position vollständig gedeckt hat. Die Zinssätze sind auch hier dynamisch und können sich im Laufe der Zeit durch Angebot und Nachfrage ändern. Damit wird sichergestellt, dass die Nutzer immer die marktüblichen Zinsen erhalten. Ebenso kannst du dir jederzeit dein Anfangskapital sowie deine erwirtschafteten Zinsen auszahlen lassen oder deinen Einsatz erhöhen.

Wie kann ich mir Kryptowährungen bei dYdX ausleihen?

Du kannst *dYdX* ebenfalls dafür verwenden, um die dort unterstützten Vermögenswerte (Ether, DAI und USDC) auszuleihen.

Auch hier gilt, dass 1,25x-Anfangs-/1,15x-Mindest-Sicherheitsverhältnis einbehalten wird. Die ausgeliehenen Kryptowährungen werden direkt in deine Wallet ausbezahlt und können von dir jederzeit frei transferiert, getauscht oder gehandelt werden.

Als Kreditnehmer auf *dYdX* musst du auf zwei Zahlen unbedingt achten:

(i) der Zinssatz (APR) – wie viel Zinsen würdest du für einen Kredit bezahlen,

(ii) die Kontobesicherungsquote (*Collateral ratio*) – dies ist das Verhältnis zwischen deinem eingebrachten Vermögenswert und dem Kreditbetrag. Du kannst so viel Kredit aufnehmen, bis dieses Verhältnis 125 % beträgt, und deine Sicherheiten werden liquidiert, sobald diese Quote unter 115 % fällt.

Wie funktioniert Trading bei dYdX?

Unter Trading versteht man im Wesentlichen das Spekulieren an den Finanzmärkten, z. B. an den Aktienmärkten oder Forex-Märkten. Das funktioniert inzwischen natürlich auch hervorragend bei Kryptowährungen und was eine dezentralisierte Plattform wie *dYdX* von den meisten anderen traditionellen Anbietern unterscheidet, ist, die „Bank" spielt nicht gegen dich und ist vollkommen (allein schon vom Programmiercode her) transparent.

Vor allem für Trader ist *dYdX* interessant, denn du kannst hier Short- oder Long-Positionen mit bis zu 5-facher Hebelwirkung eingehen. Bei einer Short-Position setzt du auf sinkende Kurse einer Kryptowährung, bei einer Long-Position setzt du auf steigende Kurse. Beim Marginhandel auf *dYdX* werden automatisch Kryptowährungen von Kreditgebern auf der Plattform geliehen.

Nehmen wir z. B. ein Szenario, bei dem du mit 300 DAI und 0 Ether in deinem *dYdX*-Konto beginnst. Wenn du persönlich von einem fallenden Ether-Kurs ausgehst (nehmen wir an, der Preis von Ether beträgt derzeit 150 US-Dollar), würdest du folgendermaßen vorgehen:

1. Du nimmst einen Kredit von 1 *Ether* auf (Wert: 150 US-Dollar).

2. Du verkaufst deinen geliehenen *Ether* für 150 DAI und der Saldo bei *dYdX* beträgt nun 450 DAI und 1 Ether.
3. Angenommen, dein erwartetes Szenario tritt ein und der Preis von *Ether* sinkt auf 100 Euro, dann kannst du jetzt 1 *Ether* für 100 US-Dollar zurückkaufen, um deine Schulden zurückzuzahlen.
4. Dein Kontostand würde nun 350 DAI betragen, wovon 50 DAI dein Gewinn sind.

Bei *dYdX* musst du keine eigenen Ether besitzen, um eine Short-Position eingehen zu können. Es genügt, wenn du dir deine Ether auf der Plattform ausleihst und dann mit ihnen eine Short-Position eingehst.

Sicherheiten, die zur Absicherung von Margin-Geschäften verwendet werden, werden kontinuierlich verzinst, d. h., du musst dir keine Sorgen machen, dass du Zinsverluste erleiden könntest, wenn du noch auf die Ausführung eines Auftrags wartest. Diese Funktion ist, soweit wir zum Zeitpunkt der Erstellung dieses Buchs wissen, einzigartig bei *dYdX*.

Was versteht man unter dem Leverage-Trading?

Betrachten wir zwei verschiedene Szenarien für fremdfinanzierte Positionen (in ungefähren Zahlen) für einen Trader, der 10 Ether (ca. 150 US-Dollar pro Ether) oder 1.500 US-Dollar besitzt.

Im ersten Szenario geht der Trader eine 5-fache Long-Position mit einem *Ether* (150 US-Dollar) ein:

a) Die Positionsgröße würde 5 *Ether* (5 x 150 US-Dollar = 750 US-Dollar) betragen.
b) 10 % des Portfolios sind bei einem solchen Trade gefährdet (denn er hat einen seiner 10 *Ether* verwendet).
c) Eine Preisbewegung von ~10 % (15 US-Dollar beim Preis von *Ether*) nach unten wird die Position des Traders liquidieren, was bedeutet, dass es sehr wenig Puffer für Preisspitzen gibt.

In einem anderen Szenario könnte der Trader sich aber auch für eine 2-fache Long-Position mit einem *Ether* von 150 US-Dollar entscheiden:

a) Die Positionsgröße würde 2 *Ether* betragen (2 x 150 US-Dollar = 300 US-Dollar).
b) 10 % des Portfolios sind bei einem solchen Trade gefährdet (denn er hat einen seiner 10 *Ether* verwendet).
c) Eine Preisbewegung von ~45 % nach unten (65 US-Dollar beim Preis von *Ether*) würde zur Liquidierung der Position führen.

Wir haben bei diesen Beispielen bewusst kein positives Szenario gewählt, denn im Wesentlichen geht es bei gehebeltem Handel, egal ob bei Aktien, Währungen oder auch Kryptowährungen, vor allem um ein gutes Risikomanagement. Die Hebelwirkung (egal ob 2x, 3x, 4x oder 5x) ist im Grunde nur ein Faktor dafür, wie viel Risiko ein Händler bei einem Trade eingehen will (in Bezug auf die Exponierung gegenüber

Preisbewegungen). Das wiederum bestimmt den Abstand zur Liquidation, was für einen Trader, zumindest bei seiner Position, einen Totalverlust darstellt. Hier beim Trading und vor allem beim gehebelten Trading (also: *Leveraged Trading*) zählt: Hohes Risiko, hohe Belohnung!

Was versteht man unter einer Liquidierung?

Bei *dYdX* werden, sobald eine Position unter die Besicherungsschwelle von 115 % fällt, alle bestehenden Kredite als risikoreich eingestuft und zum Schutz der Kreditgeber risikoreiche Positionen liquidiert. Sicherheiten, die die Kredite besichern, werden verkauft, bis der negative Saldo 0 beträgt; ebenso wird eine Liquidationsgebühr von 5 % erhoben.

Wie werden Gewinne und Verluste berechnet?

Du eröffnest z. B. eine 5x Long-Position mit einem Depot von 3 *Ether* mit einem offenen Preis von 220 US-Dollar.

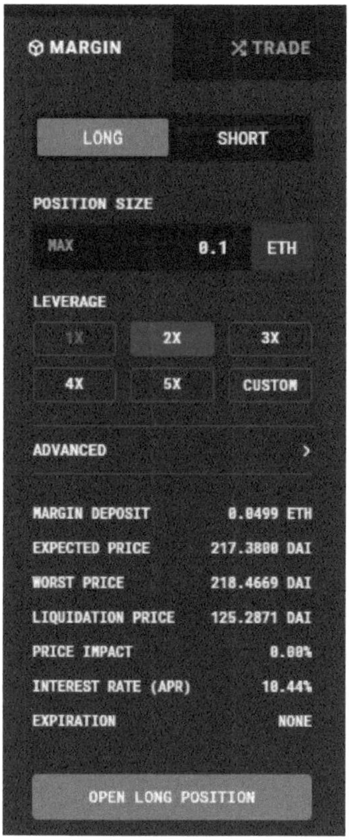

Du musst 2.640 DAI ausleihen (220 US-Dollar x 12 = 2640 DAI), um 12 weitere *Ether* kaufen zu können (insgesamt 15 Ether, dic in deiner Position nun gesperrt sind).

Wenn du deine Position mit 250 US-Dollar schließen musst, müsstest du dein nun aufgenommenes Darlehen von 2.640 DAI zurückzahlen mit

$$\frac{2.640\ DAI}{250\ US - Dollar\ (Ether - Wert)}$$

$$= \mathbf{10,56}\ \boldsymbol{Ether}$$

Damit verbleiben bei dir 15 Ether abzgl. den zu begleichenden 10,56 *Ether* = 4.44 ETH.

Dein Gewinn wäre also 4,44 - 3 = 1,44 *Ether*.

Die wesentlichen Schritte zur Gewinnberechnung sind:

1. Bestimme deine anfängliche Hebelwirkung und die Höhe der Einlage, um die Positionsgröße zu erhalten (Hebelwirkung x Einlage).
2. Darlehensbetrag = (Positionsgröße - Einlage) x offener Kurs
3. Darlehen zur Rückzahlung = Darlehensbetrag/Schlusspreis
4. Saldo = Positionsgröße - zurückzuzahlendes Darlehen
5. Gewinn = Bilanz - Ersteinzahlung

Und das war es schon für *dYdX* – wenn du es ausprobieren möchtest, haben wir dir auch hier wieder eine Schritt-für-Schritt-Anleitung beigefügt, wie du (i) Kredite vergeben kannst, um Zinsen zu verdienen, (ii) Kredite aufnehmen und (iii) Margin/Leverage-Trading betreiben kannst.

Empfohlene Literatur hierzu

1. dYdX Exchange Review http://defipicks.com/2019/11/23/dydx-exchange-review/
2. Margin Trading on Centralized vs. Decentralized Exchanges (Syed Shoeb) https://medium.com/nuo-news/why-you-should-choose-decentralized-margin-trading-over-centralized-e309e61e6e72
3. Liquidators: The Secret Whales Helping DeFi Function https://medium.com/dragonfly-research/liquidators-the-secret-whales-helping-defi-function-acf132fbea5e

Kapitel 8: Dezentrale Derivate

Ein Derivat ist ein Vertrag, dessen Wert von einem anderen Basiswert wie z. B. Aktien, Rohstoffen, Währungen, Indizes, Anleihen oder Zinssätzen abgeleitet wird. Man unterscheidet hierbei zwischen verschiedenen Arten von Derivaten wie z. B. Futures, Optionen und Swaps. Jede Art von Derivat dient einem anderen Zweck, und verschiedene Investoren kaufen oder verkaufen sie aus den unterschiedlichsten Gründen. Einige der Gründe, warum Anleger mit Derivaten handeln, sind: um sich gegen die Volatilität des zugrunde liegenden Vermögenswertes abzusichern, um auf eine vermutete Preisbewegung des zugrunde liegenden Vermögenswertes zu spekulieren oder um ihre Bestände zu hebeln. Derivate gelten von Natur aus als extrem risikoreich und man sollte beim Handel mit ihnen über ein fundiertes Finanzwissen sowie Strategien verfügen.

Der in DeFi-Derivaten DApps gebundene Gesamtwert beträgt derzeit 114,3 Millionen US-Dollar und macht somit 12 % des DeFi-Ökosystems aus. Obwohl diese Zahl im Vergleich zu anderen DeFi-Märkten wie dem Kreditmarkt (745,6 Millionen US-Dollar) relativ niedrig ist, ist es bemerkenswert, dass der dezentralisierte Derivatemarkt erst seit einem Jahr besteht und seitdem erheblich gewachsen ist. Einige der wichtigsten Protokolle für DeFi-Derivate sind *Synthetix* und *bZx*.

In diesem Buch werden wir in die Welt von *Synthetix* eintauchen, dem derzeit größten DeFi-Derivat-Protokoll.

Synthetix

Wie der Name vielleicht schon vermuten lässt, ist *Synthetix* ein Protokoll für synthetische Assets (auch „*Synths*“ genannt). Das Protokoll basiert auf der Ethereum-Blockchain und besteht aus zwei Teilen:

- **Synthetische Assets** (Synths)
- und **Synthetix.Exchange**, den sich auf den *Synths* beziehenden Handel.

Synthetix ermöglicht also die Ausgabe sowie den Handel von *Synths*.

Was versteht man unter synthetischen Vermögenswerten („Synths“)?

Als *Synths* bezeichnet man Vermögenswerte oder eine Mischung aus unterschiedlichen Vermögenswerten, die denselben Wert oder dieselbe Wirkung haben wie ein anderer externer Vermögenswert. *Synths* verfolgen die Preisentwicklung der zugrundeliegenden Vermögenswerte und ermöglichen ein Engagement in den Vermögenswerten, ohne dass der eigentliche Vermögenswert gehalten werden muss. Man unterscheidet hierbei zwischen:

- den **herkömmlichen Synths** und
- den **inversen Synths.**

Herkömmliche *Synths* korrelieren mit dem Basiswert, auf den sie sich beziehen. Das bedeutet, wenn sich z. B. ein *Synth* auf den Goldpreis bezieht, wird die Wertentwicklung immer direkt gleichbleibend abgebildet.

Bei inversen *Synths* ist dies genau anders herum und es wird eine Gegenentwicklung des Bezugswerts abgebildet. Inverse *Synths* haben also eine negative Korrelation.

Ein Beispiel für einen synthetischen Vermögenswert ist synthetisches Gold (Kürzel*: sXAU*), welches die Preisentwicklung von Gold verfolgt. Synthetix verfolgt reale Vermögenspreise aus den Finanzmärkten weltweit, indem es die Dienste von *Chainlink* in Anspruch nimmt, einer intelligenten *Blockchain*-Funktion, welche zur Verhinderung von Manipulationen die benötigten Preisinformationen von mehreren vertrauenswürdigen Quellen einholt und diese untereinander vergleicht. Man spricht hierbei von einem *Oracle*, einem programmierten Agenten, der externe Informationen aller Art auf die *Ethereum*-Blockchain bringt und somit eine exakte Preisangabe ermöglicht.

Ein weiteres Beispiel ist der inverse *Synth*, der sich auf Bitcoin bezieht: ***iBTC***. Dieser ist so gesehen die umgekehrte Darstellung des *Bitcoin*-Preises. Steigt z. B. der Wert eines *Bitcoins* um 5 %, fällt der Wert des *Synths* um 5 %.

Ein inverser *Synth* orientiert sich an den drei folgenden Faktoren:

- dem **Einstiegspreis**,
- der **preislichen Untergrenze** sowie
- der **preislichen Obergrenze**.

Gehen wir davon aus, dass dieser *iBTC* sich am derzeitigen *Bitcoin*-Preis von z. B. 10.600 US-Dollar orientiert – das wäre somit der Einstiegspreis. Wenn der Bitcoin-Preis nun um 400 US-Dollar auf 10.200 US-Dollar fallen würde, würde der *iBTC-Synth* diese 400 US-Dollar an Wert hinzugewinnen und einen Preis von 11.000 US-Dollar haben. Natürlich könnte hier auch das Gegenteil der Fall sein, falls der Bitcoin-Preis um 400 US-Dollar an Wert zulegen und auf 11.000 US-Dollar steigen würde, würde jetzt der iBTC-Synth nur noch einen Wert von 10.200 US-Dollar haben.

Inverse *Synths* werden in einem Bereich mit einer Ober- und Untergrenze von 50 % des Einstiegspreises gehandelt. Dies setzt eine Obergrenze für den maximalen Gewinn oder Verlust fest, den man bei inversen *Synths* erzielen kann. Sobald eines der beiden Limits (die Obergrenze oder Untergrenze) erreicht ist, werden die Wechselkurse der Kryptowährungen eingefroren und die Positionen liquidiert. Sobald diese inversen *Synths* deaktiviert und liquidiert sind, kannst du diese eingegangene Trading-Position bei *Synthetix.Exchange* nur noch zu diesen festgesetzten Werten eintauschen.

Was bezweckt man mit solchen synthetischen Vermögenswerten („Synths")?

Mit *Synths* kann man sich so gesehen gegen einen Preissturz bei den eigenen in der Wallet befindlichen Kryptowährungen absichern. Man kann aber auch auf einen Preisverlauf des jeweiligen Vermögenswerts setzen, ohne dass man den zugrunde liegenden Vermögenswert tatsächlich selbst besitzen müsste. Im Vergleich zu traditionellen Goldmaklergeschäften ermöglicht z. B. synthetisches Gold (sXAU) einem Trader die Teilnahme am Markt mit viel weniger Aufwand (keine Bekanntgabe der Personendaten, keine Lagerung, kein Zwischenhändler usw.).

Synths haben noch einen weiteren Nutzen: Sie können reibungslos untereinander gehandelt werden, d. h. synthetisches Gold kann einfach auf der *Synthetix.Exchange* gegen synthetischen JPY (japanische Yen), synthetisches Silber oder synthetische *Bitcoin* getauscht werden. Dies bedeutet auch, dass jeder, der eine *Ethereum*-Wallet besitzt, hiermit auch einen offenen Zugang zu jedem realen Vermögenswert hat!

Wie entstehen eigentlich Synths?

Die dezentrale Idee, welche hinter der Schaffung von Synths steht, ähnelt der Gründung von DAI bei *Maker* (siehe Kapitel 5). Du musst hierbei zuerst eine gewisse Menge an Ether als Sicherheit auf einem *Smart Contract* von Maker hinterlegen, bevor du DAI auf der Basis der hinterlegten Sicherheiten erstellen darfst.

Bei *Synths* hingegen musst du zunächst eine gewisse Menge an *Synthetix Network Token* (Symbol: SNX) einsetzen, welche als Sicherheit für das gesamte System dienen. Diese *SNX-Token* sind im Vergleich zur Ether weitaus weniger liquide und ihr Preis ist im Allgemeinen volatiler. Um dieser Volatilität entgegenzuwirken, ist bei *Synthetix* eine hohe anfängliche Mindestsicherheit von 750 % erforderlich, verglichen mit der Mindestsicherheit von 150 %, welche beim Maker-Protokoll erforderlich ist.
Das bedeutet, dass du für die Prägung (das *Minting*) von synthetischen US-Dollar (sUSD) im Wert von 100 US-Dollar mindestens *SNX-Token* im Wert von 750 US-Dollar als Sicherheit benötigen wirst. Die Prägung von *Synths* ist an sich ein ziemlich kompliziertes System. Das bringt es mit sich, dass ein *Staker* (jemand der Kryptowährungen bei Synthetix hält, um Zinsen oder sonstige Belohnungen dafür zu erhalten) gewisse Schulden aufnimmt, deren Höhe sich je nach dem Gesamtwert der *Synths* im globalen Schuldenpool dynamisch verändert, wodurch seine Schulden mit den sich ändernden Werten schwanken. Wenn z. B. 100 % der *Synths* im System nur synthetische *Ether* (sETH) wären und sich der Preis verdoppelt, würde sich die Verschuldung aller verdoppeln, auch die der Staker.

Sobald *Synth-Token* geprägt, d. h. entsprechend bei Synthetix erzeugt wurden, kann man diese auf der Synthetix Exchange handeln oder dies z. B. auch bei Uniswap tun.

Falls du mit *Synths* handeln möchtest, aber keine Schulden dafür aufnehmen oder eigene *Synths* prägen lassen willst, kannst du diese übrigens auch im *sETH-Uniswap-Pool* auf *Uniswap* kaufen. Er ist mit über 35.000 Ether an Liquidität einer der größten Liquiditäts-Pools auf *Uniswap*.

Welche Vermögenswerte werden als Synths unterstützt?

Folgende Vermögenswerte werden zum Zeitpunkt des Erscheinungstermin dieses Buchs (Stand: November 2020) von Synthetix unterstützt:

Kryptowährungen	❍ Ether **(ETH)** ❍ Bitcoin **(BTC)** ❍ Bitcoin Cash **(BCH)** ❍ Binance Coin **(BNB)** ❍ Tezos **(XTZ)** ❍ Maker **(MKR)** ❍ Tron **(TRX)** ❍ Litecoin **(LTC)** ❍ Chainlink **(LINK)** ❍ Ripple **(XRP)** ❍ Cardano **(ADA)**
Rohstoffe	❍ Gold **(XAU)** ❍ Silber **(XAG)**
Fiat-Währungen	❍ US-Dollar **(USD)** ❍ Australischer Dollar **(AUD)** ❍ Schweizer Franken **(CHF)** ❍ Japanischer Yen **(JPY)** ❍ Euro **(EUR)** ❍ Britische Pfund **(GBP)**
Indizes	❍ **DeFi-Index** ❍ **Inverser DeFi-Index** DeFi-Indizes setzen sich aus den größten DeFi-Tokens zusammen. Man setzt also auf die steigende Bekanntheit und das Wachstum bei DeFi. Mit dem inversen DeFi-Index hält man dagegen.

Was genau ist die Synthetix.Exchange?

Die *Synthetix.Exchange* ist eine dezentrale Börsenplattform, welche für den Handel von *SNX-Token* und *Synths* ohne Auftragsbücher konzipiert wurde und von den meisten anderen dezentralen Börsen ebenso genutzt wird. Das heißt, im Gegensatz zu einem *Peer-to-Peer-System* (z. B. *Uniswap* oder *dYdX*), welches sich bei der Bereitstellung von Liquidität auf die Benutzer verlässt, ermöglicht *Synthetix.Exchange* den Benutzern, direkt gegen einen Kontrakt zu handeln, der ständig eine ausreichende Liquidität aufrechterhält, wodurch theoretisch das Risiko eines unerwarteten Preisrutsches oder mangelnder Liquidität reduziert wird.

Da die Benutzer einen synthetischen Kontrakt kaufen, anstatt mit dem zugrunde liegenden Vermögenswert zu handeln, können die Benutzer bis zum Gesamtbetrag der Sicherheiten im System kaufen, ohne dass sich dies auf den Preis des Kontrakts auswirkt. Zum Beispiel würde ein BTC-Kauf-/Verkaufsauftrag im Wert von 10.000.000 US-Dollar wahrscheinlich zu beträchtlichen Kursabweichungen an traditionellen Börsen führen, aber nicht an der *Synthetix*-Börse, da die Benutzer direkt gegen den *Synthetix*-Kontrakt handeln und ein solcher Trade somit keine Auswirkung auf die wirklichen Kryptowährungen hat.

In den kommenden Jahren möchte man eine Reihe weiterer Handelsfunktionen einführen, darunter sind auch neue Vermögenswerte wie synthetische Indizes und Aktien, Leveraged Trading, binäre Optionen, synthetische Futures und ausgelöste Aufträge.

Und das war es schon mit *Synthetix*. Wenn du das Ganze ausprobieren möchtest, haben wir eine Schritt-für-Schritt-Anleitung für die Prägung eines *Synths* beigefügt.

Synthetix: Eine Schritt-für-Schritt-Anleitung

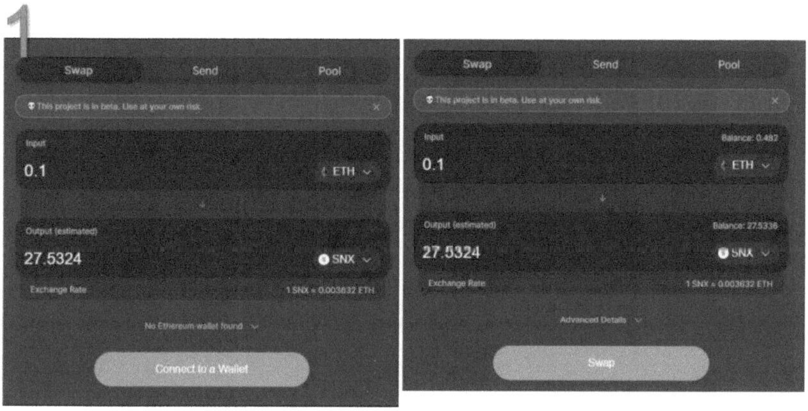

Schritt 1

- Bevor du irgendeinen Synth prägen kannst, benötigst du einen SNX-Token, welcher dir als Sicherheit (Collateral) angerechnet wird.
- In diesem Tutorial tauschen wir unsere Ether gegen SNX auf Uniswap (https://uniswap.exchange/swap)
- Verbinde danach deine Wallet und gebe den Betrag der Ether ein, den du gegen SNX tauschen möchtest.

Schritt 2

- Um dein Synth prägen (*Minting*) zu können, gehe bitte auf https://mintr.synthetix.io/
- Verbinde nun deine Wallet mit der Plattform.

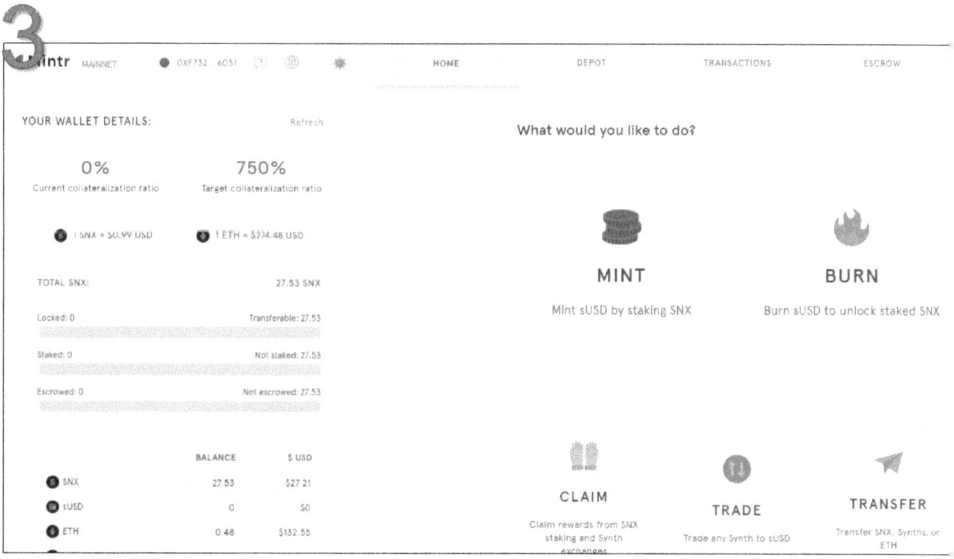

Schritt 3

- Sobald du auf der Seite bist, musst du auf "Mint" klicken.

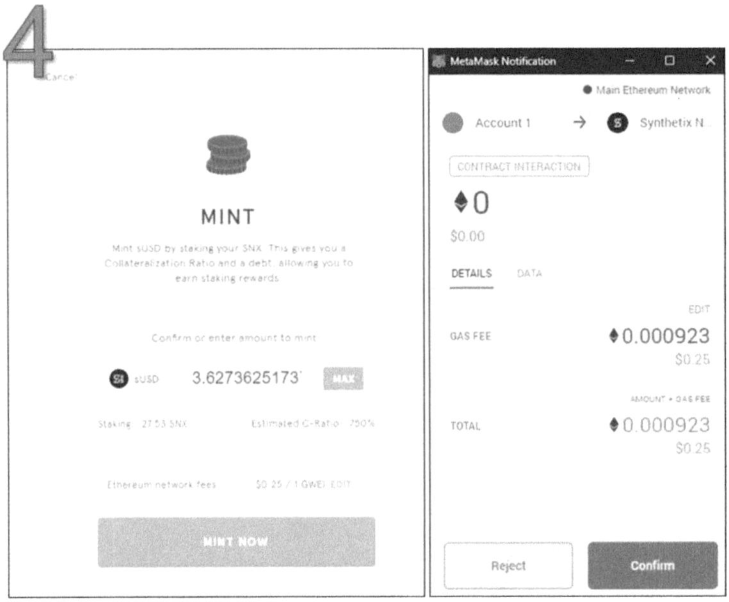

Schritt 4

- Trage hier nun den Betrag ein, den du prägen möchtest. Hier setze ich maximal ....
- Hinweis: Der verfügbare Betrag zur Münzprägung hängt vom Besicherungsverhältnis SNX zu Synth
- Das derzeitige Besicherungsverhältnis beträgt 750%.
- Also $27,21/750% ≈ 3,63 sUSD

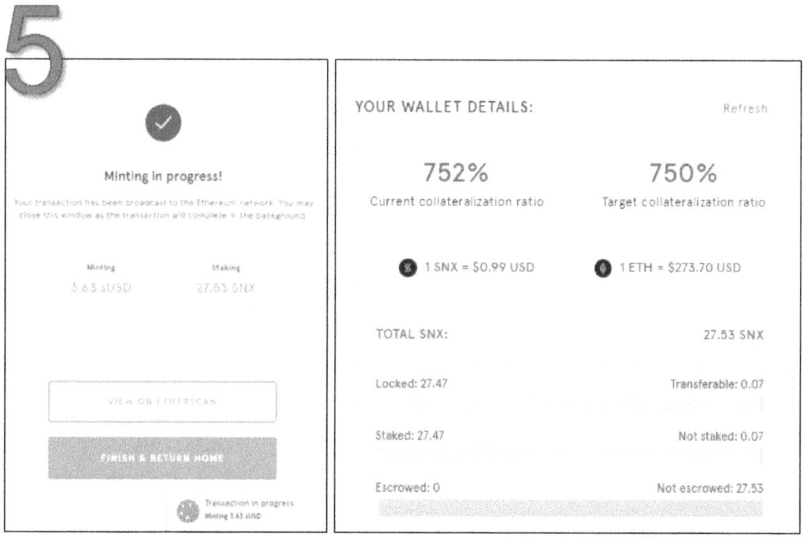

Schritt 5

Nach der Bestätigung kannst du auf der Plattform die Guthaben deiner Wallet, wie oben gezeigt, direkt betrachten.

Empfohlene Literatur hierzu:

1. Crypto Derivatives, Lending, and a touch of Stablecoin (Gary Basin) https://blockgeeks.com/guides/defi-use-cases-the-best-examples-of-decentralised-finance/#_Tool_2_DeFi_Derivatives
2. DeFi Use cases: The Best Examples of Decentralised Finance (Rajarshi Mitra) https://hackernoon.com/crypto-derivatives-lending-and-a-touch-of-stablecoin-59e727510024
3. The Ultimate Guide To Synthetix. (DefiZap and @DegenSpartan) https://defitutorials.substack.com/p/the-ultimate-guide-to-synthetix
4. Synthetix (Cooper Turley and Lucas Campbell) https://fitznerblockchain.consulting/synthetix/
5. Synthetix for dummies (TwiceCrypto) https://medium.com/@TwiceCrypto/synthetix-for-dummies-477a0760d335
6. Synthetic Instruments In DeFi : Synthetix (Joel John) https://www.decentralised.co/understanding-synthetix/amp/?
7. Synthetic Assets in DeFi: Use Cases & Opportunities (Dmitriy Berenzon) https://medium.com/zenith-ventures/synthetic-assets-in-defi-use-cases-opportunities-19b11f57a776
8. The Value and Risk of Synthetix (Gavin Low) https://medium.com/the-spartan-group/the-value-and-risk-of-synthetix-45204346ce

Kapitel 9: Dezentrale Vermögensverwaltung

Das Fondsmanagement oder auch die Vermögensverwaltung ist der Prozess der Überwachung deines Vermögens und der Verwaltung deines Cashflows, um eine Rendite auf deine Investitionen zu erzielen. Innovative DeFi-Teams haben damit begonnen, Wege für die Nutzer zu finden, ihre Kryptowährungen in der DeFi-Welt besser dezentral verwalten und managen zu können.

In der dezentralisierten Welt wird die Vermögensverwaltung in einer Weise durchgeführt, bei der ein menschlicher Investmentmanager nicht mehr erforderlich ist und du die Vermögensverwaltungsstrategie wählen kannst, die deinen finanziellen Bedürfnissen am besten entspricht. Die dezentrale Vermögensverwaltung reduziert ebenso die zu entrichtenden Gebühren, da ein dezentralisiertes Protokoll die Arbeit der Vermögensverwaltung für dich übernimmt.

TokenSets

TokenSets ist eine Plattform, die es Krypto-Benutzern ermöglicht, sogenannte *Strategy Enabled Tokens* (SET) zu kaufen. Diese Token verfügen über automatisierte Vermögensverwaltungsstrategien, die es dir ermöglichen, dein Portfolio an Kryptowährungen einfach zu verwalten, ohne dass du die Handelsstrategie manuell ausführen musst. Mit einer automatisierten Handelsstrategie musst du den Markt nicht Tag und Nacht selbst überwachen. Die dezentralisierte Form der Vermögensverwaltung vereinfacht deine Anlagestrategie und macht das Ganze zu einer passiven Geschichte, bei der sämtliche Emotionalität deinerseits wegfällt und die Strategie dem Algorithmus anvertraut wird. Jedes *TokenSet* ist ein *ERC20-Token* (auf Ethereum basierend) und besteht aus einem großen Korb unterschiedlicher Kryptowährungen, welcher die Bestände auf der Grundlage der von dir ausgewählten Strategie ständig automatisiert erneuert. Mit anderen Worten: SET implementiert im Wesentlichen die sinnvollen Handelsstrategien für Kryptowährungen in der Form eines Tokens.

Zwischen welchen Arten von Sets unterscheidet man?

Es wird hierbei zwischen den drei Arten von Sets unterschieden:

- **Robo-Sets**
- **Social-Trading-Sets** und
- **Index-Sets (**auch**: Portfolio).**

Robo-Sets

Unter den *Robo-Sets* versteht man algorithmische Handelsstrategien, welche Tokens bzw. Kryptowährungen auf der Grundlage von vorher festgelegten Regeln in *Smart Contracts* kaufen und verkaufen. Hierbei unterscheidet man derzeit zwischen den folgenden vier Arten an algorithmischen Strategien:

- **Buy-and-hold** (Kaufen und halten): Diese Strategie richtet das Portfolio entsprechend seiner Vorgaben immer wieder neu aus, um einhergehende Risiken aufgrund einer zu einseitigen Investition in bestimmte Kryptowährungen minimieren zu können. Um das Risiko zu verringern, werden deine Vermögenswerte auch auf andere Kryptowährungen verteilt. Das alles nach dem Motto: *„Breit gestreut, nie bereut!“* Dabei werden sich positiv-entwickelnde Werte langfristig gehalten, um von deren Wertentwicklung zu profitieren.
- **Trend Trading** (Trendhandel): Mit dieser Strategie werden Indikatoren der Technischen Analyse verwendet, um auf der Grundlage der vorgegebenen Strategie von der Zielanlage auf Stablecoins umzuschichten.
- **Range Bounds** (Bereichsbegrenzung): Mit dieser Strategie wird der Kauf und Verkauf innerhalb einer festgelegten Spanne (Preisspanne) automatisiert. Diese Strategie ist eher für einen Bärenmarkt (Markt mit fallenden Kursen) oder neutrale, stagnierende Märkte vorgesehen.
- **Invers**: Diese Strategie ist für alle, welche von fallenden Kursen bei Kryptowährungen ausgehen und von einer fallenden Benchmark profitieren möchten. Es handelt sich hierbei um eine Short-Position.

Social-Trading-Sets

Mit einem sogenannten *Social-Trading-Set* wird es den Benutzern ermöglicht, die Top-Handelsstrategien von erfahrenen Händlern bzw. Tradern zu folgen. Kauft man ein solches Social-Trading-Set, wird die Strategie des jeweiligen Traders automatisch kopiert. Man vertraut in diesem Fall also nicht auf vorprogrammierte Handelsstrategien, sondern eher den erfahrenen Tradern, die in der Vergangenheit bereits entsprechende Trading-Erfolge bewiesen haben und nun ihre Handelsstrategie als Social-Trading-Set anbieten.

Index-Sets (bzw. „Portfolio-Sets“)

Mit einem sogenannten *Index-Set* wird ein gesamtes Portfolio von einer Vielzahl an Kryptowährungen abgebildet. Eines der zuerst angebotenen Index-Sets ist in Zusammenarbeit mit dem DeFi-Portal *DeFi Pulse* (www.defipulse.com) entstanden und bildet einen eigenen Index von herausgegebenen Token bei unterschiedlich großen DeFi-Anbietern. So kann man mit dem *DeFi Pulse Index Set* direkt in ein gut gewichtetes Portfolio von DeFi-Token und deren Wachstum investieren.

https://defipulse.com/blog/defi-pulse-index/

https://www.tokensets.com/portfolio/dpi

Weitere solcher Sets werden angeboten, wie z. B. Yield-Farming-Sets, bei denen man an den Renditen durch die Liquiditätsbereitstellung auf DeFi-Plattformen partizipieren kann. Hier ist derzeit eine durchschnittlich erwartete Rendite von ca. 20 % jährlich erreichbar.

Warum könnten solche Sets für mich sinnvoll sein?

Mit den beschriebenen Sets werden im Wesentlichen gewisse Trading-Strategien in Token eingebracht. Wenn du eine der ausgewählten Handelsstrategien ausprobieren oder in die Fußstapfen professioneller Trader treten möchtest, kann ein solches Set der einfachste Weg sein, dies zu tun.

Trotzdem solltest du dir immer erst ein genaues Bild von allem machen und dich gründlich informieren. Nur weil ein Set in der Vergangenheit gute Erfolge eingefahren hat, bedeutet das nicht, dass es dies auch weiterhin tun wird. Der Markt von Kryptowährungen ist generell sehr volatil und das alte Sprichwort, dass „vergangene Leistungen kein Indikator für künftige Ergebnisse darstellen“, trifft hier besonders zu. Am besten ist, du recherchierst hier selbst und vergleichst die verfügbaren Strategien, um herauszufinden, welche für dich am sinnvollsten wäre.

Eines der leistungsstärksten Robo-Sets ist das ETH/BTC RSI Ratio Trading Set. In diesem Fall folgt das Robo-Set der Trendhandelsstrategie, die den technischen Indikator Relative Strength Index (RSI) verwendet. Diese Handelsstrategie führte zu einem Wertzuwachs von 102,33 % gegenüber 41,29 % für das Halten von Bitcoin (BTC) oder 94,17 % für das Halten von Ether (ETH). Da *TokenSets* relativ neu sind, gibt es zum aktuellen Zeitpunkt je nach Set (Stand: November 2020) nur eine Historie für die letzten drei bis acht Monate.

TokenSets: Eine Schritt-für-Schritt-Anleitung

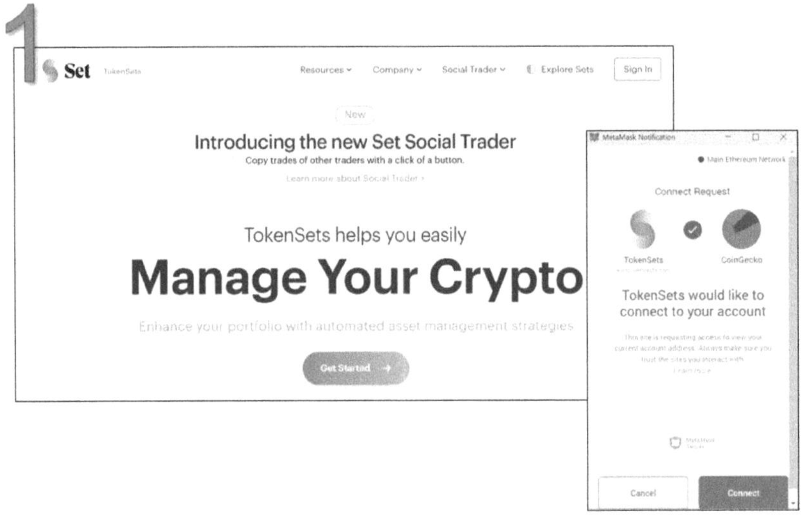

Step 1

- Gehe auf: https://www.tokensets.com/
- Klicke hier auf "Get Started"
- Klicke weiter mit "Next" bis deine Wallet von automatisch aufgeht.
- Klicke auf "Connect" um die Verbindung zu deiner Wallet herzustellen. Auch hier musst du nirgendwo deine Daten eintragen, wenn du das nicht möchtest. Die Seite von *TokenSets* erkennt dich nun anhand deiner Wallet automatisch und tauscht lediglich mit deiner Wallet die relevanten Daten aus.

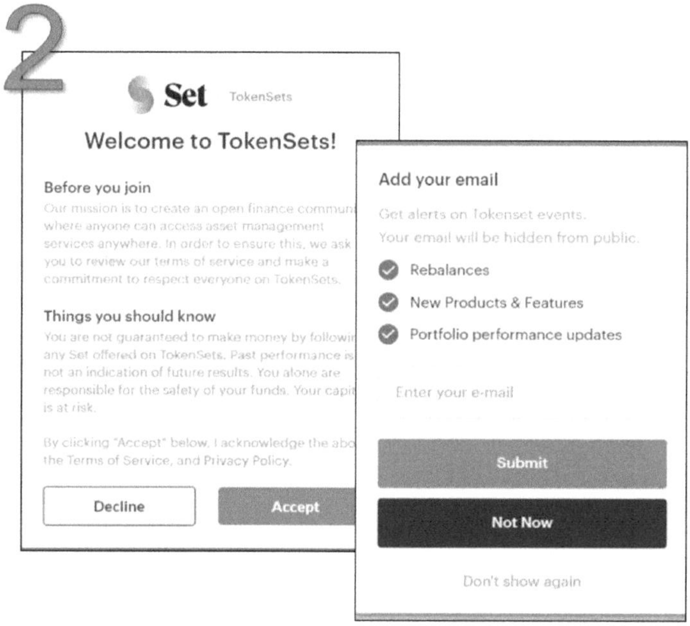

Schritt 2

- Klicke auf "Accept" bei den *Terms of Services and Privacy Policy*, natürlich nur wenn du damit einverstanden bist.
- Ebenso kannst du auch noch deine EMail-Adresse zusätzlich eintragen, um Updates zu erhalten aber das bleibt natürlich dir überlassen und ist kein Muss.

Bei Social-Trading-Sets

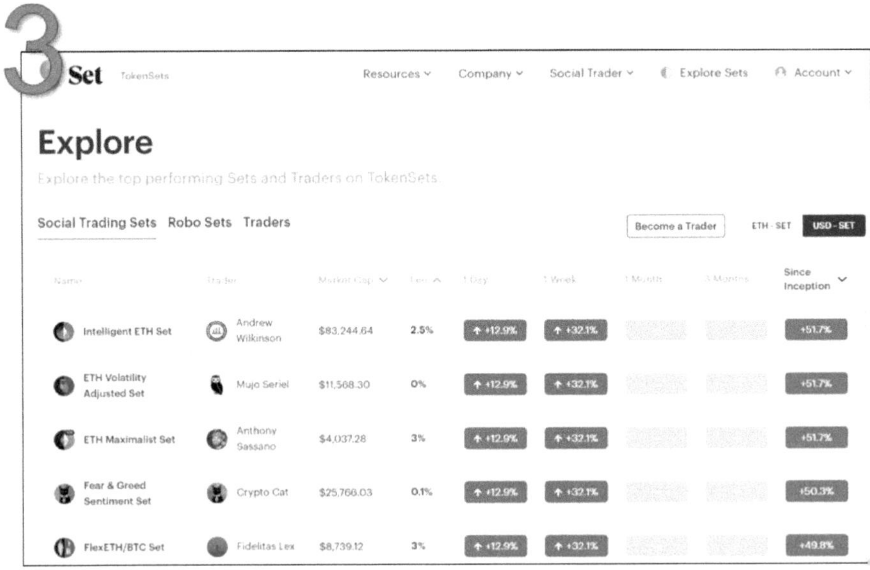

Bei Robo-Sets

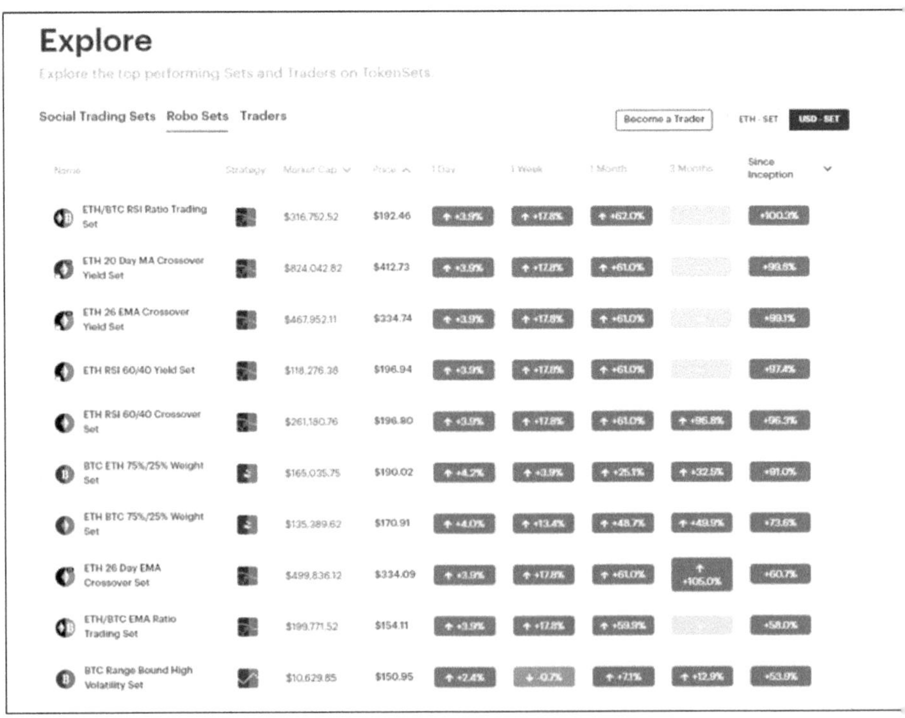

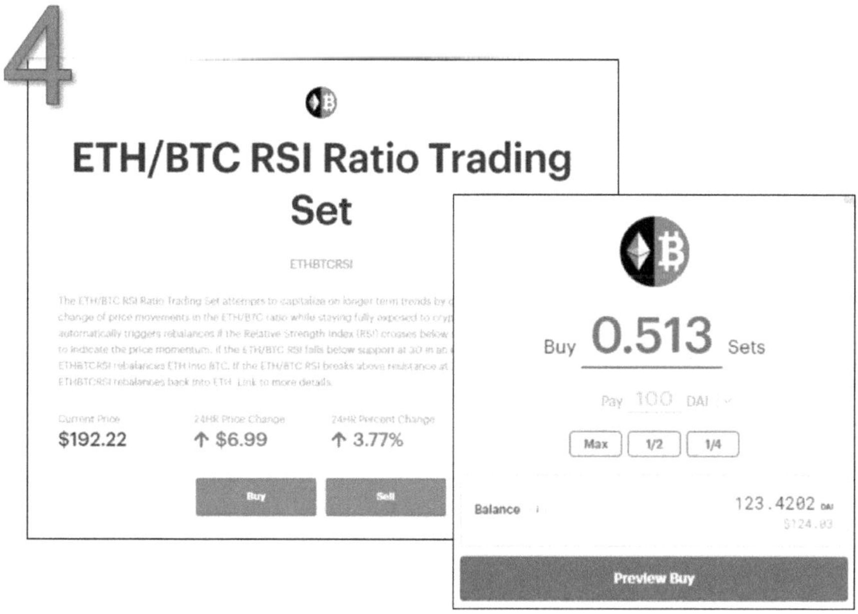

Schritt 4:
In unserem Beispiel, entscheiden wir uns für ein Robo-Set, klicken auf das gewünschte Produkt und geben den gewünschten, zu investierenden Betrag im Kauffenster ein.

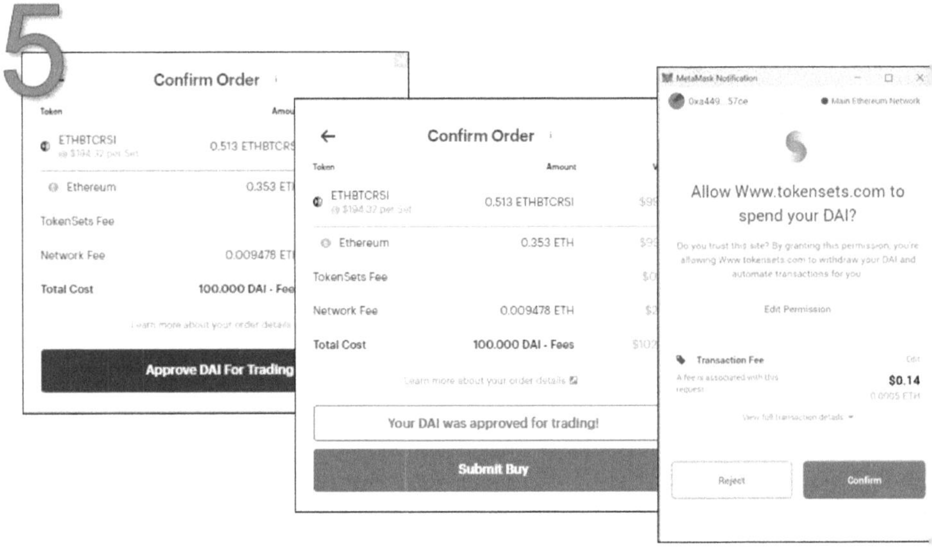

Schritt 5:

- Bei dem ersten Kauf eines Sets, muss man die DAI auf der eigenen Wallet freigeben („enable“).

- Nach der entsprechenden Freigabe, kann man mit dem eigentlichen Kauf des Sets beginnen und diesen abschließen.

6

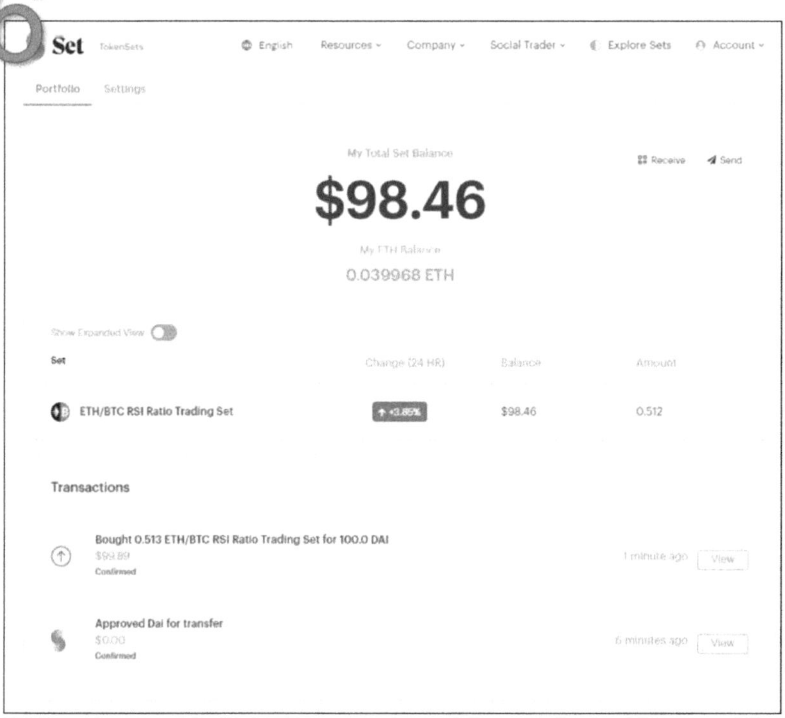

Fertig!

Du besitzt nun dein Set und kannst unter der TokenSets-Website jederzeit deine gekauften Sets und deren Wert einsehen. Du erhälst aber auch gleichzeitig einen entsprechenden Set-Token in deine Wallet, der dich an diesen Kauf immer erinnern wird.

Empfohlene Literatur hierzu:

1. Automated Asset Management with Set Protocol. (DefiZap) https://defitutorials.substack.com/p/automated-asset-management-with-set
2. DeFi10 Part 1: Lessons in Building a DeFi Portfolio https://thedefiant.substack.com/p/defi10-part-1-lessons-in-building
3. DeFi10 Part2: Becoming a Programmable Money Fund Manager https://thedefiant.substack.com/p/defi10-part2-becoming-a-programmable
4. Returns of Hodling versus DeFi-ing (Evgeny Yurtaev) https://blog.zerion.io/returns-of-holding-vs-defi-ing-c6f050e89c8e

Kapitel 10: Dezentrale Lotterie

Bislang haben wir uns mit den unterschiedlichsten Protokollen für *Stablecoins*, *dezentralisierten Börsen*, *Swaps* und *Derivaten* beschäftigt – alles ernsthafte Bereiche eines Finanzmarkts. In diesem Abschnitt wird es etwas lockerer – eine Lotterie in dezentraler Ausprägung und das sogar ganz ohne irgendwelche Verluste.

Anfang Februar 2020 gewann ein solcher Lotterieteilnehmer, welcher nur 10 US-Dollar eingezahlt hatte, ganze 1.648 US-Dollar im wöchentlichen DAI-Preispool von *PoolTogether*, einem dezentralisierten Lotterie-Protokoll.

PoolTogether

PoolTogether ist eine dezentrale Lotterie, bei der du die Chance auf einen Gewinn hast, es aber keinen Verlust gibt. Ja, das hast du richtig gelesen: kein Verlust. Dein Einzahlungsbetrag ist dein Einsatz beim Lotteriespiel, welchen du nach der Ziehung des Lotteriegewinns komplett zurückerhältst. Das Preisgeld bzw. der Lotteriegewinn wird nicht mit den gekauften Lottoscheinen finanziert, sondern durch die erwirtschafteten Zinsen, die alle Einzahlungen zusammen am Kapitalmarkt innerhalb der Los-Zeit erbracht haben. Auch bei *PoolTogether* handelt es sich um ein dezentralisiertes Protokoll, welches all die Einzahlungen dann z. B. zu Compound oder anderen DeFi-Plattformen schickt, um für die Los-Zeit einen Zinsbetrag zu erwirtschaften. Nach dem Zufallsprinzip wird am Ende der Gewinner bzw. seine Wallet-Adresse ermittelt und an diesen die erbrachte Einlage sowie der gesamte Zinsgewinn gesendet.

Die Teilnahme bei PoolTogether ist nach gewohnter DeFi-Manier ebenfalls ziemlich unkompliziert: „Kaufe“ einfach sogenannte PoolTogether-Tickets mit der Einzahlung von DAI oder USDC. Jeder einzelne eingezahlte Stablecoin entspricht hierbei einem Los bzw. Ticket und deine Gewinnchance steigt proportional mit der Anzahl deiner gekauften Tickets. PoolTogether unterstützt derzeit zwei verschiedene Lotterie-Programme – einen wöchentlichen DAI-Pool (eingeführt im Dezember 2019) und einen täglichen USDC-Pool (eingeführt im Februar 2020).

Ein Teil des Gewinns wird neben den erwirtschafteten Kapitalerträgen auch von Sponsoren zur Verfügung gestellt, um die Teilnehmerzahl zu erhöhen, Aufmerksamkeit zu generieren und den Einsatzpool in Zukunft vergrößern zu können. Sponsoren, die freiwillig etwas zum Preisgeld bzw. Gewinn hinzugeben, dürfen nicht am Gewinnspiel teilnehmen. Es handelt sich hierbei übrigens nicht um ein komplett neues Konzept, sondern ähnelt dem sogenannten Prize-Linked-Savings Account (PLSA), welches in einigen Ländern vor allem die Arbeiterklasse zum Sparen anregen soll. Eines der bekanntesten Programme ist das „Save to Win“-Programm der Michigan Credit Union League, eine Art Sparkasse in den USA.

Was spricht für dezentrale Lotterien?

Der Anreiz besteht darin, dass Spieleinsätze nicht über einen Mittelsmann oder einen Makler laufen, sondern stattdessen über einen *Smart Contract* direkt verwendet werden. Ebenso gibt es gewöhnlich auch keine Sperrfrist für die Spieleinsätze, sodass man seinen Spieleinsatz jederzeit (sogar vor Gewinnbekanntgabe) dem Protokoll wieder entnehmen kann. Und natürlich ist auch hier keinerlei Registrierung erforderlich und die Anmeldung erfolgt lediglich durch deine zugeordnete Einzahlung deiner Wallet.

Traditionell haben Rechtsprechung und Schutzgesetze der Glücksspielindustrie dafür gesorgt, dass in der realen Welt verlustfreie Lotterien wie die *PLSA-Programme* nur Benutzern aus bestimmten geografischen Gebieten den Beitritt ermöglichen. Es scheint, als ob diese Form von Glücksspiel von politischer Seite eher ungern gesehen und in westlichen Ländern kaum geduldet wird. Dem erfahrenen DeFi-Teilnehmer kann dies jedoch völlig egal sein, denn zu diesem Zeitpunkt gelten für dezentralisierte Anwendungen keine konkreten Regularien und somit kann jeder an solchen dezentralisierten Programmen teilnehmen.

Wo ist der Haken dieses Angebots?

Oftmals sagt man, dass es kein „Free Lunch“ gibt und schlussendlich immer einen Preis bezahlt. Richtig! Es gibt bei der Sache einen kleinen Haken – die Opportunitätskosten für deinen Spieleinsatz. In der Zeit, in der du deine Kryptowährungen als Spieleinsatz z. B. in das PoolTogether-Protokoll einbringst, verzichtest du darauf, es gewinnbringend auf anderen DeFi-Plattformen wie z. B. Compound anzulegen. Deine „Gebühr“ für die Teilnahme an dieser Lotterie ist im

Grunde genommen der Zins, auf den du hierfür verzichtest, und eine kleine Mining Fee, die für den Transfer deiner Kryptowährungen über die Blockchain anfällt.

OK, soll ich nun meine Kryptos bei Compound verleihen oder eher bei *PoolTogether* mitmachen?

Die nächste Frage, die wir uns beim Schreiben dieses Kapitels natürlich stellten war - ob es besser ist, das eigene Geld auf Compound zu investieren oder es dem Glück auf PoolTogether zu überlassen? Da mussten wir einfach mal nachrechnen – und das Ergebnis, auf das wir gekommen sind, siehst du in der unteren Vergleichstabelle:

Weekly PoolTogether (DAI)	
Currently in PoolTogether	
Total Amount	999,000.00
Where	
Eligible Tickets	749,000.00
Sponsored	250,000.00
Open tickets	-
Additional 1,000 Dai	
+ Additional Deposit (Dai)	1,000.00
Compound Supply APR^	8.81%
Weekly Interest Rate	0.17%
Weekly Interest Earned (Dai)	1.69
Updated Figure PoolTogether	
New Total Amount	1,000,000.00
where	
New Eligible Tickets	750,000.00
Sponsored	250,000.00
Open Tickets	-
Prize Pool	1,694.23
Analysis	
Chances of Winning Each Time	0.13%
Expected PT Interest in a week	2.26
Annualised Compound Return	88.10
Annualised PT Return	117.47
Annualised PT Expected Return Ratio	11.75%
ALPHA	1.33

Daily PoolTogether (USDC)	
Currently in PoolTogether	
Total Amount	299,000.00
Where	
Eligible Tickets	99,000.00
Sponsored	200,000.00
Open tickets	-
Additional 1,000 USDC	
+ Additional Deposit (USDC)	1,000.00
Compound Supply APR^	4.84%
Daily Interest Rate	0.01%
Weekly Interest Earned (Dai)	0.13
Updated Figure PoolTogether	
New Total Amount	300,000.00
where	
New Eligible Tickets	100,000.00
Sponsored	200,000.00
Open Tickets	-
Prize Pool	39.78
Analysis	
Chances of Winning Each Time	1.00%
Expected PT Interest in a Day	0.40
Annualised Compound Return	48.40
Annualised PT Return	145.20
Annualised PT Expected Return Ratio	14.52%
ALPHA	3.00

Die Gewinnchance ist proportional - je mehr Lose (Tickets) du dir bei *PoolTogether* kaufst, desto höher wird deine Gewinnchance. Multipliziere dies mit dem neuen Zinsbetrag und du erhältst die erwarteten Renditen für diesen Zeitraum. Wenn du diese Zahl auf Jahresbasis berechnest, könnest du das mit der früheren Zahl vergleichen, die du direkt bei *Compound* investiert hattest. Natürlich gehört auch eine gewisse Portion Glück hier hinzu aber die Wahrscheinlichkeit ist aufgrund der (noch) geringen Teilnehmerzahl wesentlich höher, als dies bei anderen Glücksspielen oder Lotterien ist.

PoolTogether: Eine Schritt-für-Schritt-Anleitung

1

Schritt 1

- Gehe zu https://www.pooltogether.com/ und klicke hier auf APP.
- Verbinde deine Wallet mit dem Protokoll von PoolTogether
- Stelle sicher, dass du über DAI in deiner Wallet verfügst.

2

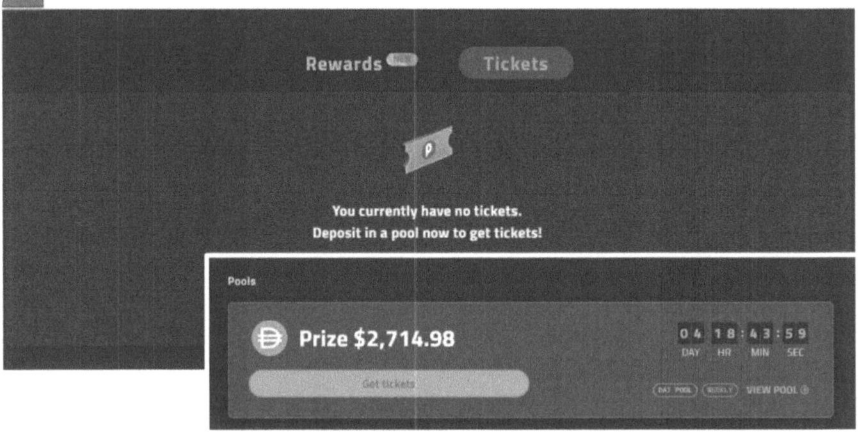

Schritt 2

- Gehe unter deinem nun angezeigten Account auf Tickets und klicke dort auf „Get Tickets“

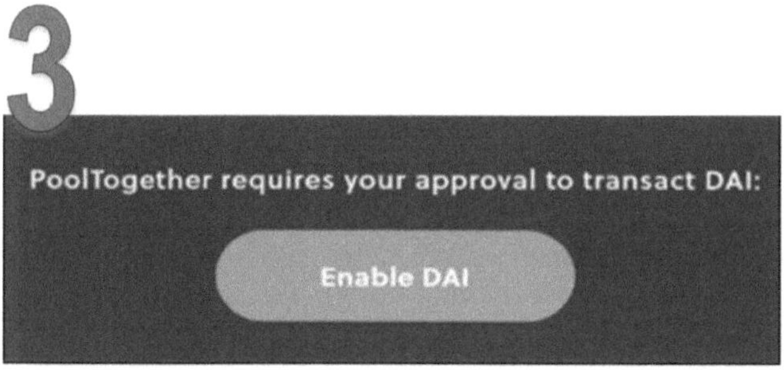

Schritt 3

- Bevor du dir mit deinen DAI bei PoolTogether deine Tickets kaufen kannst, musst du diese Interaktion zwischen deiner Wallet und dem Protokoll freigeben. Klicke hierfür auf „Enable DAI“.

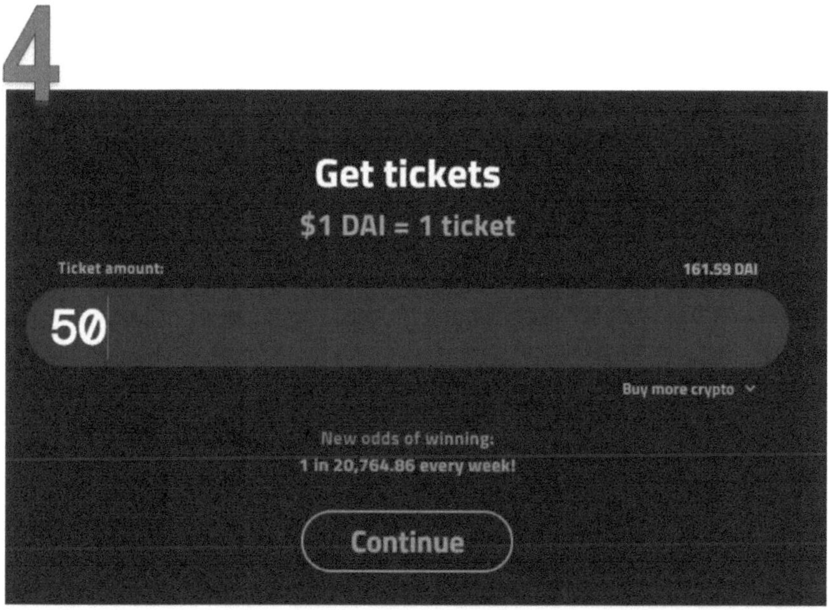

Schritt 4

- Gebe nun die gewünschte Anzahl an Tickets ein, die du erwerben möchtest. 1 DAI = 1 Ticket. Bestätige den Vorgang mit „Continue“

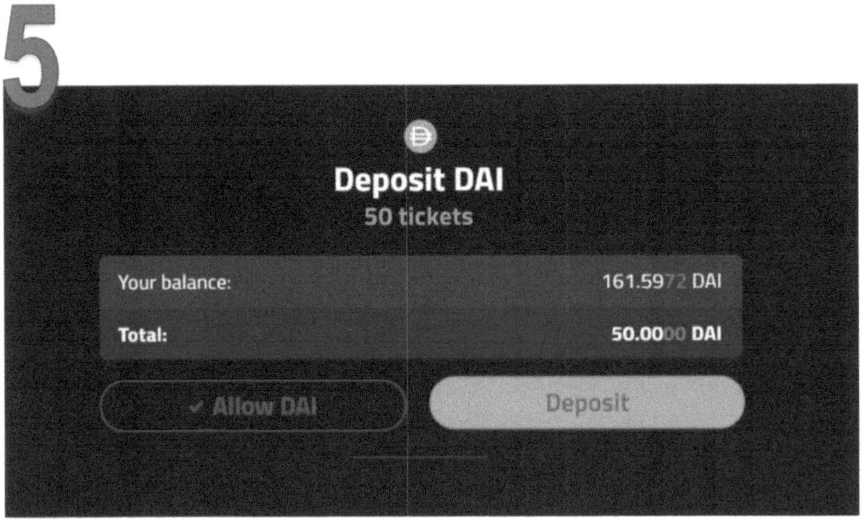

Schritt 5

- Das Protokoll geht auf Nummer sicher und fragt, ob du deine gewünschten 50 DAI in das Protokoll einzahlen möchtest. Klicke dafür auf „Deposit". Eine letzte Genehmigungsanfrage hierfür erfolgt auf deiner Wallet.

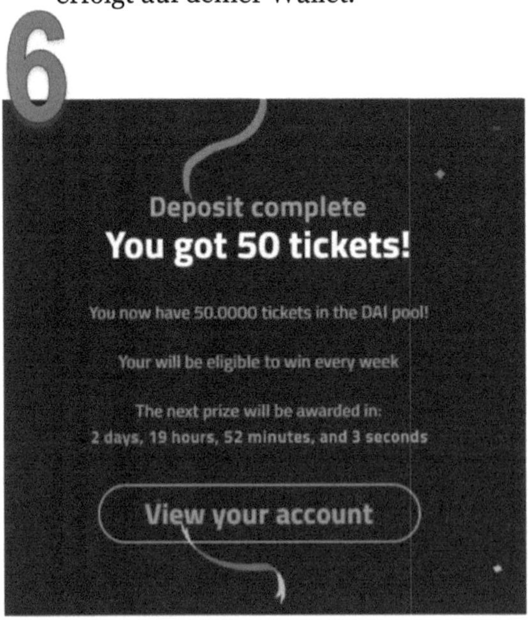

Schritt 6

- Herzlichen Glückwunsch! Du bist nun dabei und wir wünschen dir viel Glück.

Empfohlene Literatur hierzu

1. A Simple Explanation of Risks Using PoolTogether (PoolTogether) https://medium.com/pooltogether/a-simple-explanation-of-risks-using-pooltogether-fdf6fecd3864
2. How PoolTogether Selects Winners https://medium.com/pooltogether/how-pooltogether-selects-winners-9301f8d76730
3. No Loss Lottery Now Holds $1 Million Tokenized Dollars (TrustNodes) https://www.trustnodes.com/2020/01/29/no-loss-lottery-now-holds-1-million-tokenized-dollars
4. PoolTogether - Prize Linked Savings Account (Nick Sawinyh) https://defiprime.com/pooltogether
5. How PoolTogether Turns Saving Money Into a Game (Binance) https://www.binance.vision/tutorials/how-pool-together-turns-saving-money-into-a-game
6. Leighton Cusack Explains How PoolTogether, a No-Loss Lottery Works - Ep. 6 (CoinGecko Podcast) https://podcast.coingecko.com/719703/2879608-leighton-cusack-explains-how-pooltogether-a-no-loss-lottery-works-ep-6
7. A data-driven look inside Pool Together (TokenAnalyst) https://research.tokenanalyst.io/a-look-inside-pool-together/

Kapitel 11: Dezentrale Zahlungsanbieter

Dezentralisierte Zahlungen konnten und können zwar bereits durch das direkte Versenden von Ether und Dai erfolgen, aber das könnte man doch noch besser, schneller und dezentraler gestalten, oder? Denk dabei an billigere und schnellere Transaktionen, zeitgesteuerte Überweisungen, Überweisung nach deinen festgelegten Regeln sowie standardisierte Rechnungsformate und mehr. Einige der bekannteren Projekte, die sich mit dezentralisierten Zahlungen befassen, sind das *Lighting Network*, das *Request Network*, der *xDai* und *Sablier*.

In diesem Kapitel werden wir uns beispielsweise mit *Sablier* befassen – ein Projekt, das wir persönlich interessant finden und welches das Potenzial hat, einige der offenen Fragen von Menschen zu lösen, die kein oder kaum Zugang zum traditionellen Bankensystem haben.

Sablier

Der Anbieter *Sablier* ist eine Mischung aus Zahlungsdienstleister und Streaming-Service, quasi eine Mischung aus *PayPal* und *Spotify*, nur eben auf Kryptowährungen bezogen. Dieser Service ermöglicht dir Ein- und Auszahlungen in Echtzeit und in kleinen Schritten (und zwar sekundengenau!) zwischen verschiedenen Parteien. Stell dir Zahlungen vor für stündliche Aufträge als Freelancer, tägliche Vertragsarbeiter oder monatliche Mietzahlungen, welche in Echtzeit erfolgen. Exakt so, wie du vielleicht deine Musik auf *Spotify* streamst, kannst du auch Geld auf *Sablier* streamen!

Wie kann man denn Zahlungen streamen?

Anstatt auf einen festen Zeitpunkt (z. B. monatlich, alle zwei Wochen oder wöchentlich) für die Bezahlung warten zu müssen, werden die Zahlungen in Echtzeit in von beiden Parteien definierten und vereinbarten Zeiträumen gesendet. Durch *Sablier* können die Zahlungsempfänger ihren Lohn direkt erhalten und ihn natürlich, wann immer sie es wollen, von der *Sablier-Plattform* abheben. Dein *Sablier*-Kontostand wächst also als Zahlungsempfänger jede Minute an. Aber auch als Zahlender profitierst du von der Tatsache, dass eine vereinbarte Zahlung nicht sofort in voller Höhe dein Konto verlässt, sondern leistungs- und zeitbezogen von deinem Konto abfließt.

Warum könnte so ein Modell wichtig sein?

Wir sind überzeugt, dass *Sablier* das Potenzial hat, denjenigen, die von Gehaltsscheck zu Gehaltsscheck leben müssen, zu helfen. Diese Menschen sind am anfälligsten für Einkommensverzögerungen, bei denen selbst ein paar Tage Verzögerung bedeuten würden, dass sie nicht die Mittel haben, das Essen für ihre Familien auf den Tisch zu bringen.

Wenn solche Verzögerungen vorkommen, greifen oftmals genau die Ärmsten auf sogenannte Zahltagkredite zurück – kurzfristige, unbesicherte Kredite mit sehr hohen Zinssätzen (bis zu 500 % effektiver Jahreszins). Bei astronomischen Zinssätzen und begrenztem Einkommen sind Zahltagkreditnehmer besonders anfällig für Schuldenspiralen – eine Spirale, die z. B. in den USA dazu führte, dass viele der Kreditnehmer verhaftet wurden, da sie nicht in der Lage waren, ihren Kredit zurückzuzahlen.

Die Bezahlung nach dem Stream-Prinzip kann vor allem für neue, weit entfernte Vertragsarbeiter nützlich sein, die zuvor darauf vertrauen mussten, dass ihre neuen Arbeitgeber sie für die geleistete Arbeit auch tatsächlich bezahlen. Wenn ein Vertrag über *Sablier* unterzeichnet wird, wissen beide Parteien sicher, dass die Zahlungen geleistet werden und jede der Parteien kann dies in Echtzeit überprüfen.

Traditionell werden die Gehälter oft monatlich oder alle zwei Wochen ausgezahlt, aber es kann Fälle geben, in denen Gelder sofort benötigt werden und die Zahlungsströme bei *Sablier* können dabei helfen. Ein Angestellter muss nicht bis zum Zahltag warten, um auf sein Gehalt zugreifen zu können – er kann so viel abheben, wie er bis dahin verdient hat, was unmittelbare Bedenken ausräumen kann. Darüber hinaus ist dies auch hilfreich, um Verzögerungen zu vermeiden. Selbst wenn ein Arbeitnehmer seinem Arbeitgeber volles Vertrauen entgegenbringt, garantieren solche *Streaming Paychecks*, dass die Auszahlung am Ende des Zeitraums in voller Höhe erfolgt!

Wie funktioniert das genau?

Stell dir vor, du würdest Online-Beratungsdienste für eine Gebühr von 60 US-Dollar je Stunde (1 US-Dollar je Minute) anbieten, wobei du zunächst wahrscheinlich darüber nachdenken müsstest, ob du:

1. die Bezahlung im Voraus fordern solltest, dies kann jedoch für einige Neukunden abschreckend sein, ODER

2. die Bezahlung später in Rechnung stellen solltest, d. h. du müsstest darauf vertrauen, dass dein Kunde dich bezahlt, ODER

3. ob du einen Treuhandservice/eine Treuhandplattform verwenden musst, um dich und deinen Vertragspartner gegen eine Provision in Sicherheit zu wiegen.

Mit dem Einsatz von Zahlungsströmen müsste jedoch keine der beiden Parteien mehr nur in den Geschäftspartner vertrauen. Du könntest auf Minutenbasis bezahlt werden, um sicherzustellen, dass du und deine Kunden eine genaue Abrechnung haben. Im Wesentlichen wurde der „Vertrauens"-Teil einer Online-Transaktion von einer Person auf Zeilen mit unveränderlichem Code verlagert (in Form von *Blockchain* und *Smart Contract*).

Sablier: Eine Schritt-für-Schritt-Anleitung

Schritt 1:

Geh zu https://pay.sablier.finance/ und melde dich dort mit deiner Wallet an.

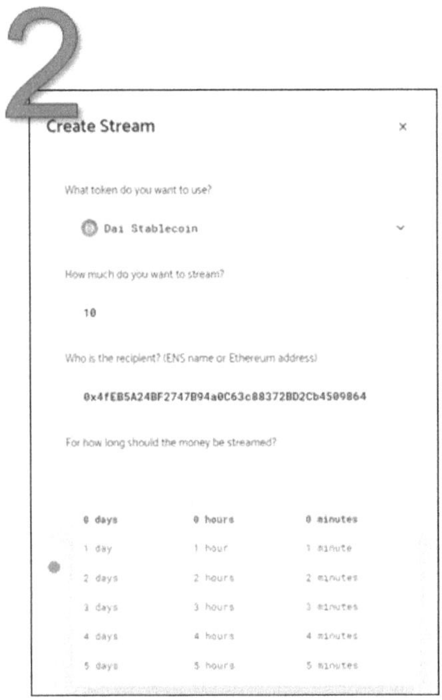

Schritt 2:

- Entscheide dich für einen Token aus der Auflistung.
- Lege einen Betrag fest, den du an einen Zahlungsempfänger versenden möchtest.
- Trage den Zahlungsempfänger ein (in Form einer Ethereum-Adresse)
- Bestimme einen Zeitraum, über den die Zahlung erfolgen soll (Stunden, Minuten, Tage).

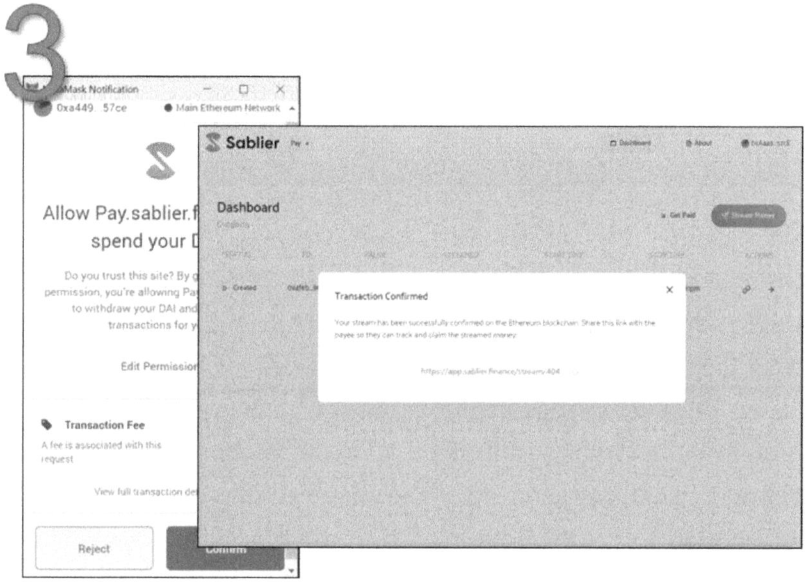

Schritt 3:
Bestätige deine Transaktion bei *Sablier* und auch in deiner Wallet.

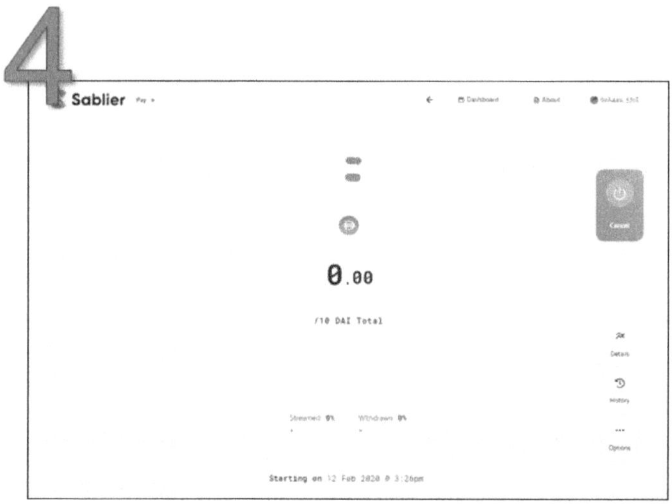

Schritt 4:
Nachdem deine Transaktion über die Blockchain dokumentiert wurde, wird dir ein *Payment-Link* angezeigt. Teile diesen dem Zahlungsempfänger mit.

Kapitel 12: Dezentrale Versicherungen

Um ein Teil der DeFi-Welt zu werden, muss man seine *Tokens* bzw. Kryptowährungen in *Smart Contracts* stecken und darauf vertrauen, dass alles ohne Probleme verläuft. Diese *Smart Contracts* sind aber auch ein beliebtes Ziel für Hackerangriffe und es gibt keine oder kaum Garantien dafür, dass hier alles reibungslos verlaufen wird. Die meisten DeFi-Projekte haben ihre Protokolle zwar gründlich auf Anfälligkeiten oder Sicherheitslücken überprüft oder sogar von Dritten überprüfen lassen, aber du wirst dir nie sicher sein können, ob ein *Smart Contract*, in dem deine Kryptowährungen stecken, auch wirklich sicher ist. Im Februar 2020 gab es bereits die ersten größeren DeFi-Angriffe, bei denen eine *DeFi-DApp* namens *bZx* von Hackern angegriffen wurde. Dies hatte einen Gesamtverlust (Diebstahl) von 3.649 Ether (damaliger Wert, ca. 1 Million US-Dollar) zur Folge. Man spricht hierbei von einem *Exploit,* was nichts anderes als eine systematische Möglichkeit darstellt, die Schwachstellen eines Protokolls auszunutzen. Dieser Exploit im Beispiel von *bZx* bestand aus unzähligen komplexen Transaktionen, welche auf mehreren *DeFi-DApps* liefen und am Ende zum Diebstahl der Kryptowährungen führten.

Das sind die Schattenseiten der DeFi-Welt und das Potenzial für massive Verlustrisiken in der Welt der Kryptowährungen wird auch in der nächsten Zeit wohl kaum abnehmen. Die Risiken für die Nutzer sind:

- die **technischen Risiken** – wenn *Smart Contracts* gehackt oder systematisch ausgenutzt werden

- die **Liquiditäts-Risiken** – wenn DeFi-Protokolle keine oder nicht genügend Liquidität haben, um ihre Verpflichtungen gegenüber den Nutzern zu erfüllen

- die **Admin-Key-Risiken** – wenn der *Master Key* (Verwaltungsschlüssel) von DeFi-Protokollen veruntreut oder negativ beeinflusst wird

All diese enormen Risiken zeigen uns, dass eine Versicherung hierfür praktisch wäre. Eine Versicherung, die für die riesigen Beträge auf DeFi-Protokolle im Ernstfall einspringen würde. In diesem Kapitel werden wir dir zwei der marktführenden Anbieter solcher Versicherungen vorstellen. Und wie sollte es anders sein, auch diese Anbieter sind natürlich dezentral und vollautomatisiert. Sie helfen dir dabei, deine DeFi-Transaktionen zu schützen, und sollten bei jeder größeren Transaktion von dir verwendet werden: *Nexus Mutual* und *Opyn*.

Nexus Mutual

Nexus Mutual ist ein dezentralisiertes Versicherungsprotokoll, welches auf Ethereum aufbaut und derzeit für sämtliche *Smart Contracts* auf der Ethereum-Blockchain eine Deckung bzw. Absicherung anbietet. Hier findest du eine Liste mit einigen der DeFi-bezogenen *Smart Contracts*, die von *Nexus Mutual* gedeckt werden können:

Nexus Mutual Supported DeFi Smart Contracts (Feb 2020)			
No.	**DeFi Smart Contract**	**No.**	**DeFi Smart Contract**
1	MakerDAO	10	Set Protocol
2	Moloch DAO	11	Fulcrum
3	Nuo	12	Aave
4	Gnosis	13	Compound
5	0x	14	Edgeware
6	Tornado Cash	15	IDEX
7	Uniswap	16	Instadapp
8	Argent	17	DDEX
9	dYdX	18	Pool Together

Derzeit bietet *Nexus Mutual* diverse Absicherungen gegen Schäden an *Smart Contracts* an, welche auch vor potenziellen Fehlern im Code eines *Smart Contracts* schützen. Diese Deckung bzw. Versicherung kann dich vor möglichen finanziellen Verlusten schützen, wenn z. B. aufgrund eines Hacks oder Exploits (Missbrauch), ein *Smart Contract*, in dem du investiert bist, angegriffen wird. Beachte dabei bitte, dass die Deckung bzw. Versicherung für *Smart Contracts* nur gegen „unbeabsichtigte Verwendungen" schützt, sodass hoffentlich nicht eintretende Ereignisse wie der Verlust deines *Private Keys* oder der Angriff auf eine zentralisierte Kryptowährungsbörse hierdurch nicht abgedeckt werden.

Wie funktioniert so ein Versicherungsschutz?

Um eine solche Versicherung zu erwerben, musst du zuerst die Deckungsperiode und den Deckungsbetrag wählen. Die Deckungssumme ist exakt der Betrag, für den du eine Deckung kaufen möchtest und der dir im Falle eines Versicherungsfalls ausgezahlt werden würde. Im Falle eines Defekts eines *Smart Contracts* findet im Nachhinein ein Schadensfeststellungsverfahren statt, welches von Schadensgutachtern bewertet wird. Sobald diese Untersuchung erfolgreich abgeschlossen wurde, wird dir der besagte Deckungsbetrag ausgezahlt.

Wie viel kosten mich ein Versicherungsschutz?

Während alle *Smart Contracts* von *Nexus Mutual* abgedeckt werden können, basiert der Preis einer Versicherung deines *Smart Contracts* auf mehreren Kriterien, wie z. B.:

1. die **Merkmale des *Smart Contracts***, der eine Deckung erfordert; Beispiele hierfür sind der im Vertrag enthaltene Wert, abgewickelte Transaktionen usw.,
2. der **Deckungsbetrag** (z. B. 2 Ether),
3. die **Deckungsperiode** (in Tagen),
4. der von Risikoanalysten geschätzte **Risikowert** (oder auch Risikoanfälligkeit) bzgl. des *Smart Contracts*.

Ein *Smart Contract*, für den kein ausreichender Wert ermittelt werden kann oder der nicht kampferprobt genug ist, liefert ein Angebot, das nicht versichert werden kann.

Nehmen wir zum Beispiel an, du schließt eine Versicherung im Wert von 5 Ether für einen Smart Contract bei Compound ab, wenn ein *Ether* 200

US-Dollar kostet. Angenommen, die Deckung beträgt 0,013 *Ether* je einem ganzen *Ether* der Deckung für ein Jahr, dann würde dich dies insgesamt 0,065 *Ether* für ein Jahr der Deckung bzw. Absicherung kosten. Sollte Compound während dieser Zeitspanne gehackt werden, wirst du deine versicherten 5 *Ether* zurückerhalten, unabhängig vom Preis der *Ether* während der Zeit des Hacks. Wenn die *Ether* während des Hacks auf 300 US-Dollar gestiegen sind, erhältst du trotzdem 5 *Ether* zurück, solange dein Versicherungsanspruch anerkannt wird.

Beachte bitte auch, dass jeder eine solche Versicherung für einen *Smart Contract* abschließen kann und somit ebenfalls einen Antrag einreichen kann, sobald eine unbeabsichtigte Nutzung des *Smart Contracts* vorliegt. Bei einer dezentralisierten Versicherung benötigt man keinen Nachweis, dass du deine Kryptowährungen auch wirklich in einem *Smart Contract* platziert und nun einen Verlust erlitten hast.

So versicherst du dir deine DeFi-Anwendung:

1. Suche dir deine zu versichernde DeFi-Anwendung heraus und gebe an, für welchen *Smart Contract* du eine Versicherung abschließen möchtest.
2. Gib die notwendigen Daten zum gewünschten Deckungsbetrag an sowie die betroffene Kryptowährung (z. B. Ether oder Dai) und auch die erwünschte Deckungsperiode.
3. Lass dir dein Angebot („*Quote*") erstellen und bestätige dieses Angebot final mit deiner *MetaMask*. Somit wird die Transaktion final abgeschlossen.
4. Glückwunsch, du hast deine DeFi-Investition nun versichert!

Was ist ein NXM-Token?

Nexus Mutual verfügt über eine eigene Kryptowährung bzw. einen eigenen Token mit der Bezeichnung *NXM*. Dieser Token muss beim Kauf einer *Smart Contract*-Versicherung auf der Plattform verwendet werden. Der Token selbst kann von dir nur direkt auf der Website von Nexus Mutual gegen eine entsprechende Zahlung von Ether erworben werden. Hierfür gibt es eine entsprechende *SWAP-Funktion*, die dir ähnlich wie *Uniswap* (siehe Kapitel 7) einen einfachen Tausch deiner Ether in die gewünschte Menge an *NXM-Token* ermöglicht. Leider wird es ab diesem Punkt nicht mehr ganz so zentral, denn ein solcher Kauf setzt eine Mitgliedschaft voraus, bei der 0,002 Ether als Aufnahmegebühr fällig werden und man seit neuestem aus rechtlichen Gründen auch seine Identität offenlegen muss. Der Anmeldeprozess erfolgt online mit Computer und/oder Smartphone und kann danach in der Überprüfung bis zu 24 Stunden dauern.

Mit dem Erwerb des *NXM-Tokens* erhältst du automatisch gewisse Mitgliedschaftsrechte und ebenso den Anspruch auf einen Anteil des Kapitalstocks von Nexus Mutual. Zudem hat der *NXM-Token* eine wichtige Funktion bei der Risiko- und Schadensbewertung. Der *NXM-Token* berechtigt dich auch zur Teilnahme an der *Governance* (Machtausübung innerhalb des Protokolls) mit entsprechenden Stimmrechten.

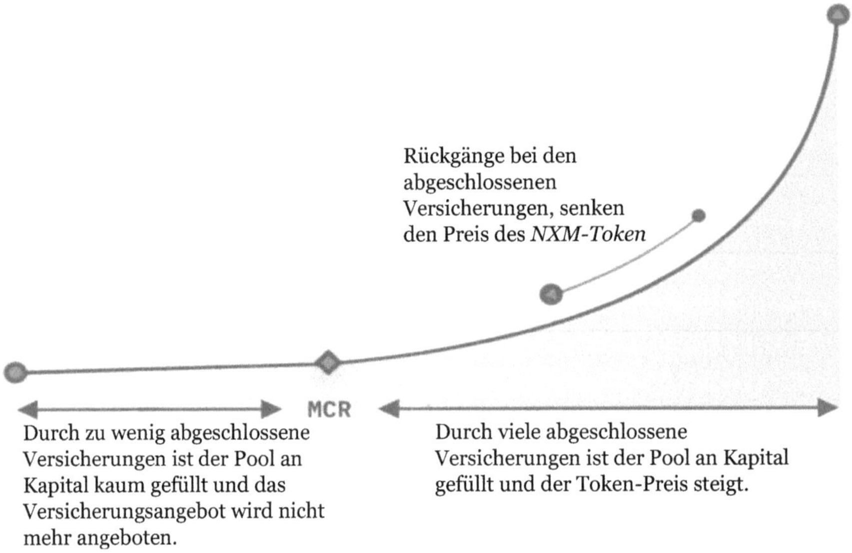

Abbildung 6 - Preisentwicklung des NXM-Token

Im Gegensatz zu anderen Kryptowährungen bzw. Token wird der Preis vom *NXM-Token* übrigens nicht am Markt nach Angebot und Nachfrage bestimmt, sondern über eine sogenannte Bindungskurve (auch „Bonding Curve") ermittelt. Der Preis eines *NXM-Tokens* steigt, je mehr Versicherungen gekauft werden. Der Preis fällt, wenn Versicherungsfristen auslaufen oder es zum Versicherungsfall (auszahlungspflichtiger Schaden) kommt. Theoretisch könnte der Preis des *NXM-Tokens* unendlich hoch steigen und es gibt keine festgelegte Maximalanzahl von *NXM-Token*. Mit zunehmendem Kapitalstock steigt auch der Wert von *NXM*.

Was ist ein Risk Assessor?

Ein *Risk Assessor* ist jemand, der Risiken aktiv bewertet.

Anders als bei traditionellen Versicherungen, bei denen meist professionalisierte Spezialisten mit einer Vielzahl an mathematischen Formeln die vorhandenen Risiken bewerten, ist es bei *Nexual Mutual* möglich, selbst eine solche Rolle wahrzunehmen. Das Ganze geht sogar noch einen Schritt weiter, indem ein solcher Risk Assessor auch persönliche Risiken eingeht und dafür mitbürgt, dass ein entsprechender *Smart Contract* im DeFi-Bereich auch wirklich sicher ist. Er setzt hierfür einen gewissen Wert in Form von *NXM-Token* ein. Das wird im Krypto-Bereich auch als „*Staking*" bezeichnet.

Für dieses Bürgen und das *Staking* erhält er dafür wiederum eine Belohnung in Form von *NXM-Token*, was man auch als „*Staking Rewards*" bezeichnet. Je mehr *NXM-Token* beim *Staking* auf einen *Smart Contract* „gesetzt" werden, desto mehr *NXM Staking Rewards* werden ausgeschüttet. Falls es jedoch zu einem Hack kommen sollte, werden die im *Staking* eingeschlossenen und gesetzten *NXM-Token* gesperrt und verbraucht. Sowas ist sinnvoll, wenn

- du dich mit der Programmiersprache *SOLIDITY* und *Smart Contracts* auskennst,
- es dir zutraust, *DApps* und ihre Sicherheit zu beurteilen oder
- einem Auditor oder einer Audit-Organisation vertraust, die den betreffenden *Smart Contract* als vertrauenswürdig und sicher beurteilt.

Gab es denn schon Schadensfälle, bei denen einen solche Versicherung half?

Ja! Im Fall eines *bZx Flash-loan events* (eine dezentralisierte Verleihung von Kryptowährungen) gab es sechs versicherte Mitglieder, die durch den *Smart Contract* von *Nexus Mutual* für eine Gesamtdeckung von etwa 87.000 US-Dollar abgesichert waren. In diesem Fall wurden drei Anträge auf Schadensersatz durch *Nexus Mutual* und deren Token-Halter angenommen, welche ihre Auszahlungen unmittelbar nach der Abstimmung der Risikoprüfer erhielten.

Auf dem sogenannten *Nexus Mutual*-Tracker finden sich auch eine Übersicht der angemeldeten Auszahlungsansprüche und die jeweiligen Abstimmungsergebnisse. Diesen findest du unter dem folgenden Link: https://nexustracker.io/claims

Nexus Mutual: Eine Schritt-für-Schritt-Anleitung

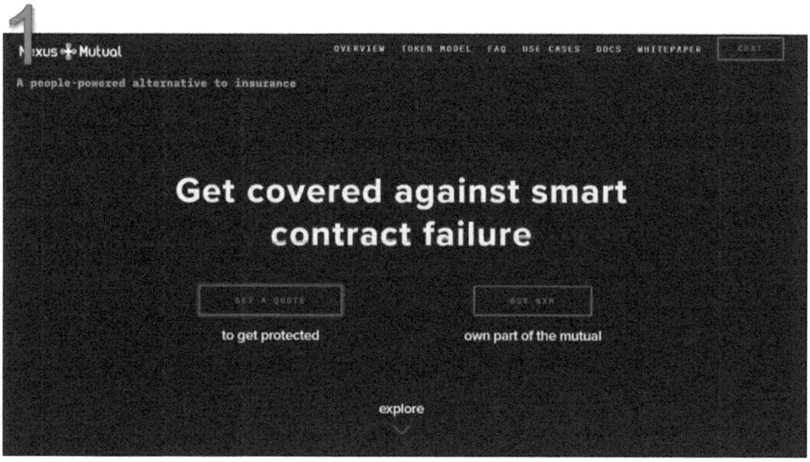

Schritt 1:
Besuche die Website https://nexusmutual.io/ und klicke dort auf „Get a quote“

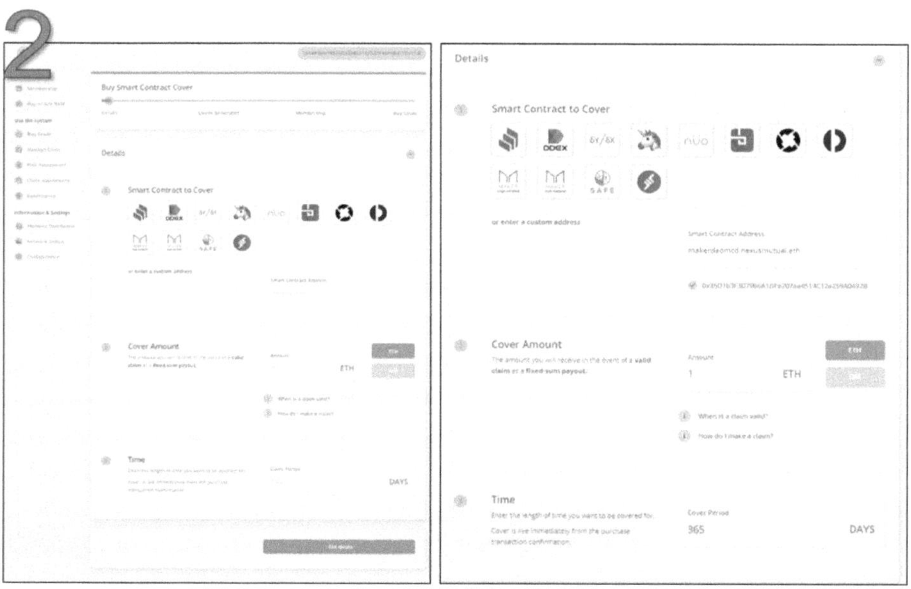

Schritt 2:
Wähle den Versicherungsschutz aus, den du benötigst und trage den zu versichernden Betrag (in Kryptowährungen), sowie den Versicherungszeitraum ein.

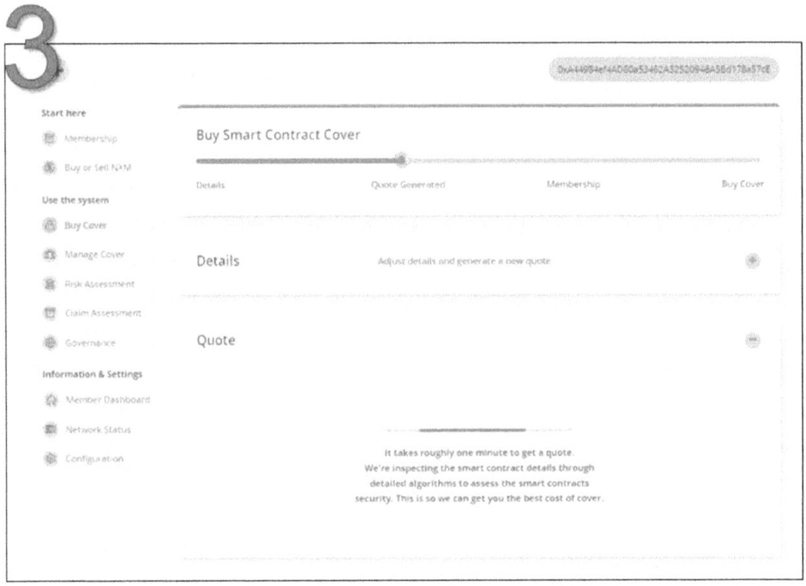

Schritt 3:
Es wird einen Moment dauern, bis dir das Versicherungsangebot angezeigt wird.

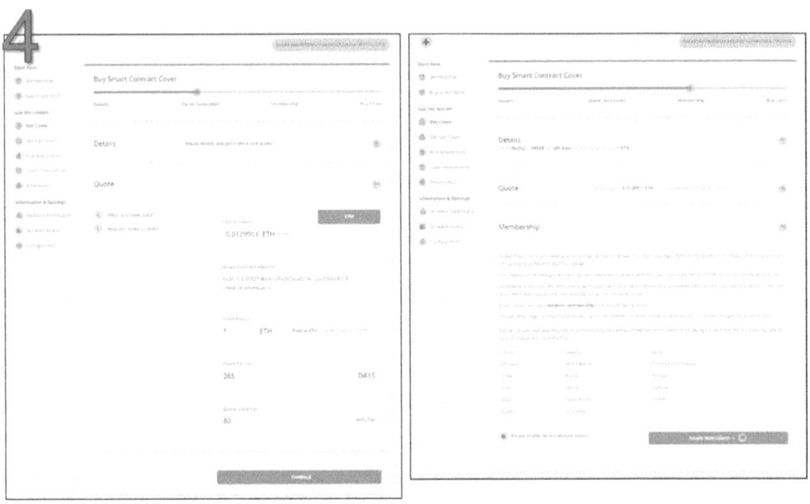

Schritt 4:
Das Versicherungsangebot enthält zusätzliche Gebühren. Du wirst nun ebenfalls aufgefordert, bei *Nexus Mutual* ein Mitglied zu werden.

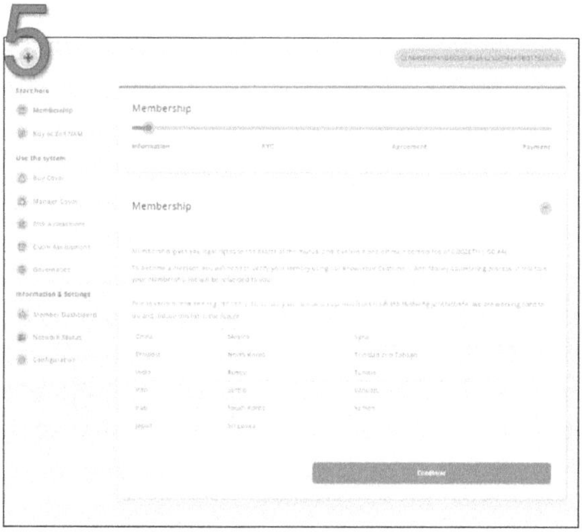

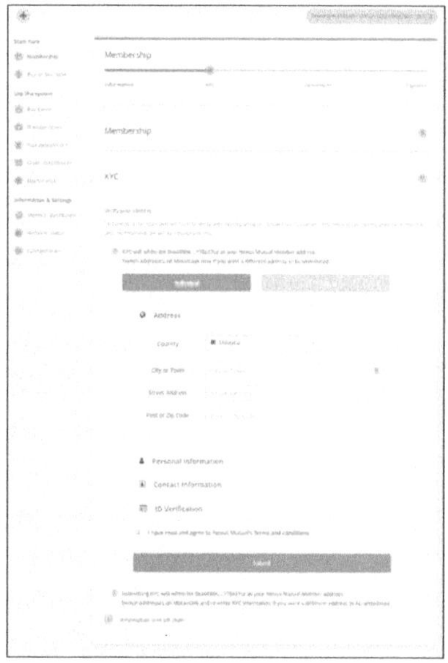

Schritt 5:

Um Mitglied zu werden, musst du folgende Bedingungen erfüllen:

1. Du darfst deinen Wohnsitz nicht in den folgenden Ländern haben: China, Japan, Sri Lanka, Äthiopien, Mexiko, Syrien, Nordkorea, Trinidad und Tobago, Indien, Russland, Tunesien, Iran, Serbien, Vanuatu, Irak, Südkorea, Jemen
2. Du musst dich mit deiner vollen Identität anmelden.
3. Eine Zahlung eines einmaligen Mitgliedsbeitrags von 0,002ETH wird erforderlich.

Sobald du die Registrierung abgeschlossen hast, kannst du mit den nächsten Schritten zum Abschluss deiner Versicherung fortfahren.

Opyn

Mit *Opyn* gibt es eine weitere DeFi-Anwendung im Bereich der Versicherungen, mit der du dich bzgl. *Smart Contracts* absichern kannst. Derzeit bietet dir *Opyn* einen Versicherungsschutz für deine USDC- und DAI-Einlagen bei *Compound* und *Curve, sowie auf deine UNI-Token bei Uniswap*.

Ebenso wird gegen eine Großzahl weiterer Risiken ein Versicherungsschutz angeboten, was weit über einen Hack von *Smart Contracts* hinausgeht. Dabei bedient sich *Opyn* vor allem beim systematischen Einsatz von bestimmten Finanzderivaten, den Optionen.

Somit hättest du hier ebenfalls die Möglichkeit, den Wert deiner *Ether* zu versichern, indem du dir Put-Optionen kaufst. Aber beginnen wir erst einmal mit den Grundlagen.

Was sind eigentlich Optionen?

Grundsätzlich unterscheidet man zwischen zwei Arten von Optionen:

- die **Kaufoption**
- und die **Verkaufsoption**.

Eine Kaufoption (**Call**) ist ein Recht, aber keine Verpflichtung, einen Vermögenswert zu einem bestimmten Ausübungspreis innerhalb eines bestimmten Zeitraums zu kaufen.

Eine Verkaufsoption (**Put**) hingegen ist ein Recht, aber nicht die Verpflichtung, einen Vermögenswert zu einem bestimmten Ausübungspreis innerhalb eines bestimmten Zeitraums zu verkaufen.

Für jeden Käufer einer Option muss es einen Verkäufer einer Option geben. Der Käufer einer Option zahlt dem Verkäufer der Option eine Prämie, um dieses Recht zu erhalten. Um dir dies noch besser verdeutlichen zu können, findest du hier eine Analogie zu Halloween:

August

Ein bestimmtes Halloween-Kostüm, dass du schon seit einiger Zeit im Auge hast, könntest du jetzt für 100 Euro erwerben. Es könnte das angesagteste Kostüm auf der bevorstehenden Party sein, aber auch ein reiner Flop werden.

Du hast nun folgende Optionen:

A Du zahlst die 100 Euro jetzt und gönnst dir dein Kostüm. Sicher ist sicher!

B Du wartest lieber bis Halloween vor der Tür steht. Vielleicht wird es billiger!

C Du kaufst dir eine **Option** für 5 Euro, die dir das Recht gibt, das besagte Kostüm für 100 Euro kaufen zu können.

Je nachdem, wie du dich im August entschieden hast, könnte folgendes Szenario im Oktober nun eintreten:

Szenario _A_: **Oktober** (und 2 Tage vor Halloween)

Vom Geschmack her lagst du goldrichtig. Das Kostüm ist auf jeden Fall angesagt und sehr gefragt. Die Nachfrage danach ist ebenfalls sehr hoch, so dass das Kostüm nun für 200 Euro angeboten wird. **Aufgrund deiner Entscheidung im August gibt es nun folgende Szenarien**:

A Du hast jeden Grund zu feiern. Alle anderen zahlen 200 Euro und du hast dein Kostüm.

B Es ist zum Kotzen! 200 Euro? Völlig überteuert für dieses Kostüm. Kaufst du es dennoch?

C Du löst deine Option ein und kaufst dir dein Kostüm für 100 Euro. Insgesamt zahlst du also nur 105 Euro anstatt der jetzt verlangten 200.

Szenario _B_: **Oktober** (und 2 Tage vor Halloween)

Du lagst mit deinem Geschmack leider absolut daneben. Das Kostüm findet die Mehrheit eher uncool und das hat zur Folge, dass es nun für 30 Euro bei den Restposten verramscht wird. **Aufgrund deiner Entscheidung im August gibt es nun folgende Szenarien**:

A Tut dir irgendwie schon weh, dieses Kostüm für 100 Euro gekauft zu haben. Pech!

B 70 Euro weniger aber einfach nicht mehr angesagt. Gut, dass du es nicht gekauft hast.

C Irgendwie waren es die 5 Euro doch schon wert. Jetzt da dieses Kostüm nicht mehr In sind, musst du es auch nicht mehr kaufen.

Weiterhin unterscheidet man zwischen zwei unterschiedlichen Ausführungsvarianten von Optionen:

- der **amerikanischen Option**
- und der **europäischen Option**.

Der Unterschied zwischen diesen beiden Varianten besteht darin, dass bei einer amerikanischen Option der Käufer die Option jederzeit vor dem Verfallsdatum ausüben kann, während der Käufer bei einer europäischen Option die Option nur am Ausübungsdatum ausüben kann.

Wie funktioniert Opyn?

Opyn ermöglicht es den Nutzern, sich gegen das Risiko eines Black Swan-Ereignisses (ein unvorhersehbares Ereignis) auf dem Compound-Protokoll abzusichern, indem es den Nutzern erlaubt, Verkaufsoptionen (Put-Optionen) auf USDC- und DAI-Stablecoin-Einlagen zu kaufen. Wie wir das in Kapitel 6 bei Compound erklärt hatten, ist es der Fall, dass wenn jemand bei *Compound* seine Dai verleiht, er dafür sogenannte *cDai-Token* zurückerhält. Durch die Nutzung von *Opyn* kannst du sogenannte *oTokens* erwerben, welche du als Option (also: Recht) betrachten kannst, deine cDai jederzeit in Dai einzutauschen, im Falle, dass der *Smart Contract* auf *Compound* fehlerhaft sein sollte oder gehackt wird.

Wenn du dir bei *Opyn* eine Versicherung im Wert von 1 *DAI* kaufst, legst du dir somit eine amerikanische Put-Option für das *cDAI*-Vermögen zu. Der Ausübungspreis (auch: *Strike price*) wäre hierbei 0,92 US-Dollar. Sollte nun der Fall eintreten, dass das *Compound*-Protokoll gehackt werden würde, könnten z. B. alle von den Nutzern eingebrachten *DAI*-Einlagen an Wert verlieren, z. B. nur noch einen Wert von 0,10 US-Dollar je *cDAI* haben. Mit deiner gekauften Options-Versicherung, einem *ocDAI*-Token von *Opyn*, kannst du nun diesen erlittenen Verlust kompensieren, indem du deinen *ocDAI*-Token und deinen *cDAI* gegen den Ausübungspreis von 0,92 US-Dollar je *DAI* eintauschst. Im Gegenteil zu der Versicherung bei *Nexus Mutual*, muss hier auch dein entstandener Verlust überprüft und von Nutzern dezentral genehmigt werden

Wichtiger Hinweis: *Opyn* versichert mit ihrem Angebot nur deine Haupteinlage und nicht die Zinsen, die du eventuell auf dem *Compound*-Protokoll erhalten hättest. Wenn du deine *DAI* auf *Compound* einzahlst, erhältst du im Gegenzug einen *cDAI*. Um einen Anspruch auf *Opyn* geltend zu machen, musst du deine *cDAI*- und deinen *ocDAI*-Versicherungstoken an *Opyn* senden und erhältst dann sofort deine Deckungssumme auf deine *Wallet* im Gegenzug.

Wieviel kostet so eine Versicherung?

Zum Zeitpunkt der Erstellung dieses Buchs kostet der Abschluss einer Versicherung für das Compound-Protokoll mit Opyn ungefähr einen Jahresprozentsatz von 2,80% auf DAI-Einlagen und 2,60% auf USDC-Einlagen.

Das bedeutet, dass du mit 5,50% unversicherte Rendite auf deine Dai-Einlagen nach dem Kauf einer Versicherung auf Opyn eine garantierte Rendite von 2,70% erhalten wirst.

Bitte beachten auch, dass *Opyn* noch eine relativ neue Plattform ist, welche erst im Februar 2020 auf den Markt kam und die Versicherungskosten jederzeit schwanken können, wenn der Markt sich ändert.

Da die Versicherung in Form von *oToken* ausbezahlt wird, können diese *Token* auch an dezentralen Börsen (DEXs), wie z. B. *Uniswap* gehandelt werden. Somit hängt der Preis der Versicherungs-Token von Angebot und Nachfrage ab.

Warum sollte jemand Versicherungen bei Opyn anbieten?

Für jeden Käufer einer Versicherung (Käufer einer *Put*-Option) auf *Opyn* muss es auch einen Anbieter einer Versicherung (Verkäufer einer *Put*-Option) geben. Als Versicherungsanbieter auf *Opyn* kann ein *Ether*-Inhaber eine Rendite auf seine eingebrachten *Ether* hierfür erzielen.

Um dies zu erreichen, beginnt man damit, dass man die eigenen Ether als Sicherheit in den *Smart Contract* von *Opyn* mit einem Mindestbesicherungsverhältnis von 160% einbezahlt, um im Gegenzug dafür seine *oToken* zu bekommen. Solche *oToken* können entweder *ocDAI* oder *ocUSDC* sein.

Mit diesen Token, gibt es nun zwei Einsatzgebiete, mit denen du Rendite erwirtschaften könntest:

- Als Anbieter von Liquidität auf *Uniswap*, kannst du einen Anteil an Transaktionsgebühren von Einzelpersonen verdienen, welche über *Uniswap* auf der Opyn-Plattform kaufen und verkaufen möchten. Liquiditätsanbieter haben dabei die Möglichkeit, durch die Bereitstellung von Liquidität auf *Uniswap* eine große, aber variable Rendite zu erzielen. Ebenso kannst du als Liquiditätsanbieter jederzeit deine bereitgestellten Token wieder entnehmen. Unser Abschnitt über *Uniswap*

(Kapitel 7) zeigt dir dafür die Schritte zur Bereitstellung von Liquidität auf *Uniswap*.

- Deine geprägten *oToken* können auf *Uniswap* verkauft werden. Um den Jahresprozentsatz für den Verkauf von *oToken* auf *Uniswap* zu berechnen, kannst du einen Blick auf das Haupt-Dashboard von *Opyn* werfen und die Differenz zwischen der unversicherten Rendite und der versicherten Rendite berechnen. Die Prämien, die durch die Ether-Sicherheiten verdient werden können, zählen hierbei übrigens zu den höchsten im DeFi-Bereich.

Die Erzielung dieser Rendite ist jedoch nicht ganz ohne Risiko. Mit dem Verkauf der Put-Option gegen eine Rendite, übernimmt der Optionsverkäufer das Risiko, dass es nicht zu einem Katastrophenereignis kommt (z.B. ein technisches Risiko wie ein Hack oder ein finanzielles Risiko wie der Bruch der Koppelung des DAI und dem *Compound*-Protokolls). Man muss hierbei als Optionsverkäufer auch eine Sicherheiten-Quote von über 160% einhalten, um nicht liquidiert zu werden.

Wie sicher ist *Opyn* eigentlich?

Opyn hat einen öffentlich-überprüfbaren Smart Contract und dieser Smart Contract wurde ebenfalls durch OpenZeppelin, einer namhaften Smart Contract-Prüfungsgesellschaft, überprüft und ausgezeichnet.

Der vollständige Bericht ist hierfür übrigens unter dem folgenden Link verfügbar, falls du dich hier reinlesen und überzeugen möchtest: https://blog.openzeppelin.com/opyn-contracts-audit/

Opyn ist ebenso dezentral gesteuert und ist hierbei auf Anreize angewiesen, damit die Plattform funktionieren kann. Damit du Opyn und das zuvor vorgestellte Nexus Mutual besser miteinander vergleichen kannst, haben wir dir hier eine kleine Aufstellung vorbereitet:

	bei ***Nexus Mutual***	bei ***Opyn***
Versicherungsschutz gegen:	Hacks von *Smart Contracts*	Technische und finanzielle Risiken
Abstimmung im Schadensfall	Ja, durch die Community mit *Governance Token*	Keine Abstimmung nötig
Versicherte Plattformen	Jede größere DeFi-Plattform	Nur ausgewählte DeFi-Plattformen.
Liquidität	Durch Abdeckung von Nutzer-Pools	Durch Zusammen-bringen von Händlern
Gesichert durch Collateral	nur teilweise	Ja
Kapitalpool, über den verfügt wird	Ja	Nein
Preise	entstehen durch Algorithmus und Community	entstehen durch Angebot und Nachfrage

Opyn: Eine Schritt-für-Schritt-Anleitung

Schritt 1

- Gehe zu https://opyn.co/ und klicke hier auf »Buy Protection«. In dieser Schritt-für-Schritt-Anleitung wollen wir bei dem Beispiel mit den DAI bleiben, die wir im Compound-Protokoll eingebracht haben und nun bei Opyn versichern möchten.

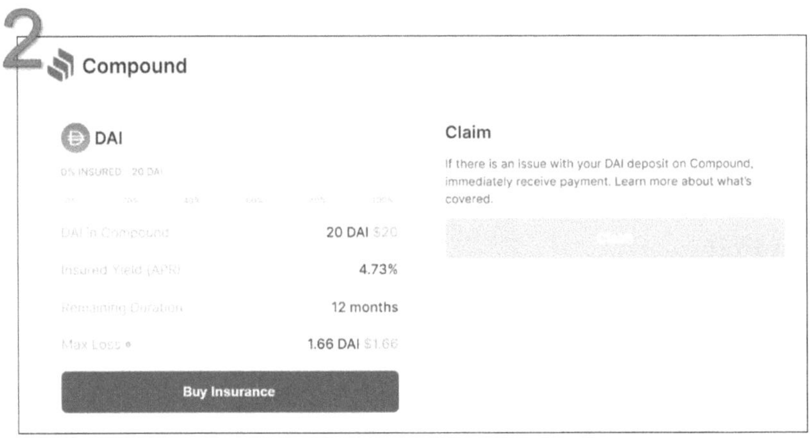

Schritt 2

- Nachdem du dich bei Opyn mit deiner Wallet verbunden hast, möchtest du 20 DAI, die du auf dem Compound-Protokoll eingebracht hast, versichern.

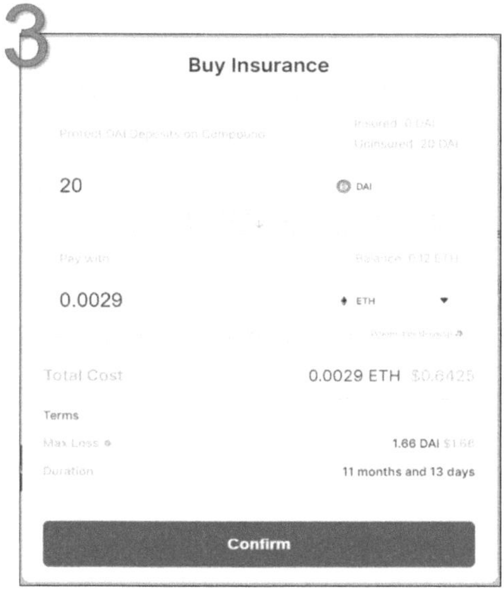

Schritt 3

- Nachdem du auf »Buy Insurance« geklickt hast, wirst du direkt zu einem Bestätigungsfenster weitergeleitet.
- Hier kannst du deine gewünschte Transaktion bestätigen, indem du auf »Confirm« klickst.

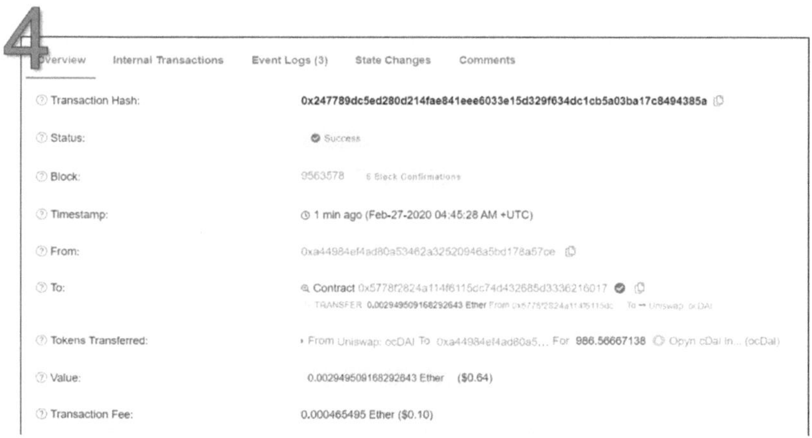

Schritt 4

- Du erhältst nun deine *ocDAI* (dein Versicherungstoken) und bezahlst den Prämienpreis von 0,64 US-Dollar mit deinen Ether.
- Merke es dir noch einmal zur Sicherheit: 1 *ocDAI* versichert dir 1 *cDAI* (also einen auf *Compound* eingebrachten DAI) und nicht einen handelsüblichen *DAI*. Auch wenn du letztendlich deine DAI-Einlage bei Compound bei *Opyn* absichern möchtest, musst du mit diesen programmierten Token (wie dem *cDAI* vom Compound-Protokoll oder dem *ocDAI* von *Opyn*) arbeiten.

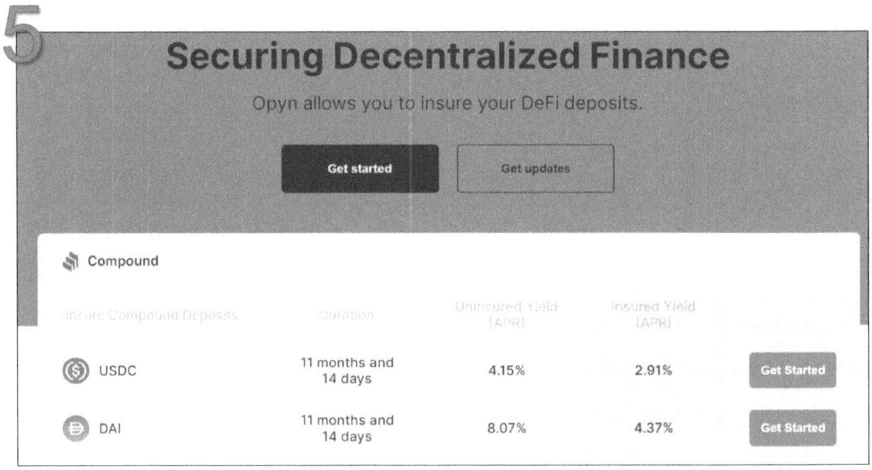

Schritt 5

- Nachdem deine Transaktion erfolgreich ausgeführt wurde, kannst du das Ganze noch einmal auf der Opyn-Website überprüfen, ob deine nun gekaufte Versicherung auch wirklich "rechtskräftig" ist.

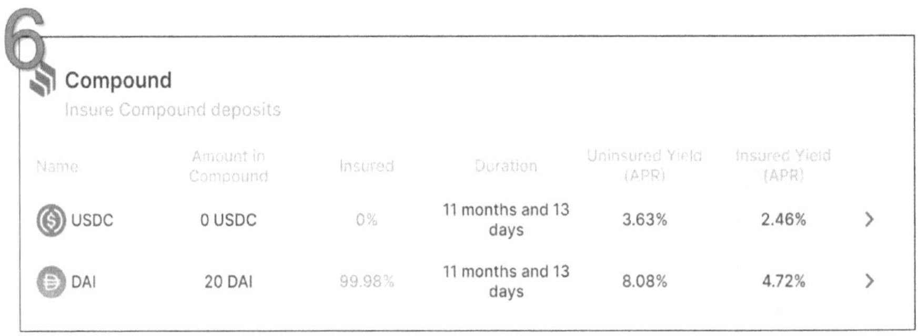

Schritt 6

- Hier kannst du z. B. bei „Insured" erkennen, dass deine *DAI* auf *Compound* zu 99,98% nun abgesichert sind.

Da die Preisgestaltung für *oToken* durch Angebot und Nachfrage bestimmt wird, kann man dies als Signalmechanismus nutzen, um zu prüfen, ob mit Compound irgendetwas nicht in Ordnung ist. Wenn die Leute glauben, dass sich bald ein „Schwarzer Schwan" auf Compound ereignen könnte, würden sie anfangen, mehr *oToken* zu kaufen, und deren Preise würden sich verteuern.

Letzten Endes liegt die Entscheidung, ob man sich versichert oder nicht, bei dir als Nutzer. Wir von CoinGecko empfehlen auf jeden Fall den Abschluss einer Versicherung, da man nie wissen kann, was passieren wird, und dies gilt vor allem für die neue DeFi-Welt.

Kapitel 13: DeFi-Dashboard

Ein Dashboard ist eine visualisierte Übersicht all deiner DeFi-Aktivitäten auf einer Plattform zusammengefasst. Das kann ein nützliches Werkzeug sein, um alles gebündelt zu visualisieren und verfolgen zu können, auf welche DeFi-Protokolle deine Kryptowährungen derzeit verteilt sind. Ein solches Dashboard ist ebenso in der Lage, dein Vermögen in verschiedene Kategorien wie Einlagen, Schulden und Investitionen zu unterteilen.

Damit eine Plattform ein solches Dashboard für dich erstellen und anzeigen kann, musst du in der Regel deine Ethereum-Adresse angeben (dein Public Key, z. B.: **0x4Cdc86fa95Ec2704f084xxx**) oder alternativ deine Ethereum Name (z. B.: **MaxMuster@eth**).

Eine Ethereum-Namensadresse bzw. eine ENS-Domain (ENS steht für Ethereum Name Service) kannst du für einen zeitlich begrenzten Zeitraum erwerben unter https://app.ens.domains/. Falls du an so einem Namen interessiert bist, findest du unter diesem Link hier eine genaue Anleitung.

Es gibt mehrere solcher Dashboard-Anbieter, die sich darauf spezialisiert haben, deine Kryptowährungen sowie deine Investitionen in DeFi-Anwendungen darzustellen. Bekannte Anbieter sind z. B. InstaDApp, MyDeFi, Zerion, Frontier oder Zapper.fi.

Wir haben uns der Einfachheit halber für Zapper.fi entschieden und werden dir diese Dashboard-Anwendung nun in einer Schritt-für-Schritt-Anleitung erklären.

Zapper.fi: Eine Schritt-für-Schritt-Anleitung

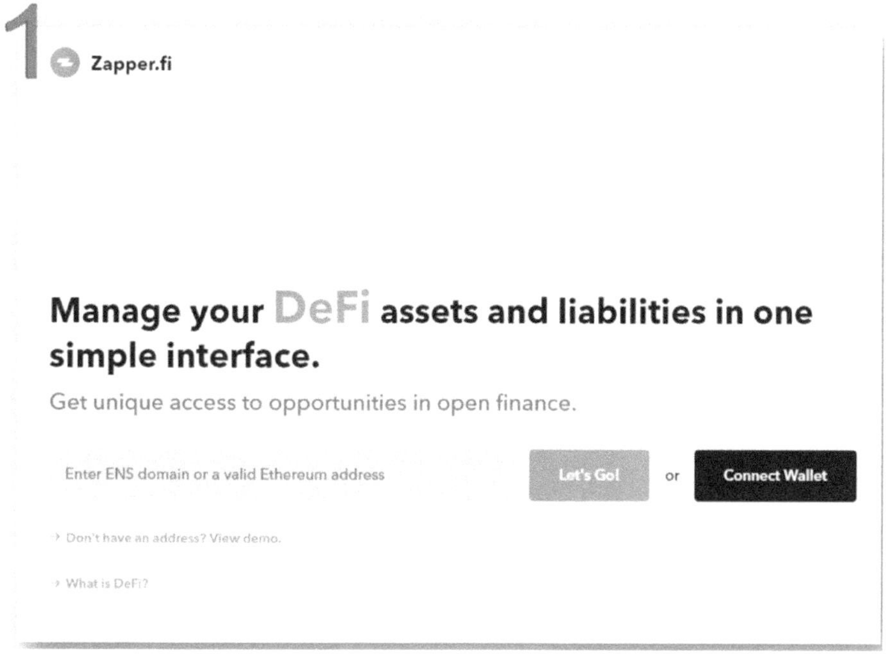

- Gehe auf die Seite von https://zapper.fi/

- Gebe deine ENS-Domain oder deine Ethereum-Addresse ein oder aber klicke auf »Connect Wallet«

2

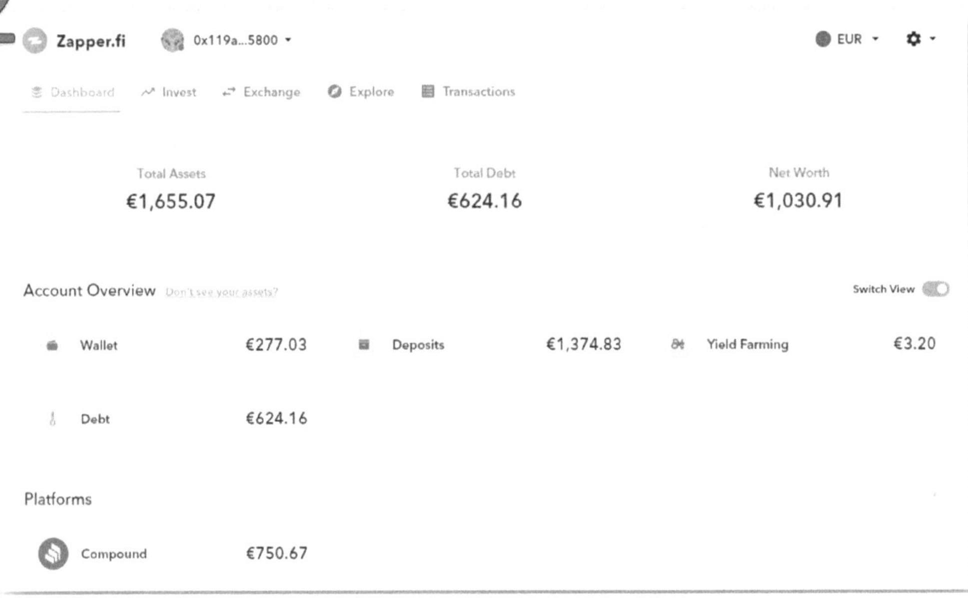

❍ Du befindest dich nun auf deinem Dashboard, welches deine Werte aus deiner Wallet heraus zusammenbringt und hier darstellt.

❍ Ähnliche Dashboard-Übersichten findest du auch bei:

- https://mydefi.org/apps
- https://unspent.io/
- https://zerion.io/
- https://frontierwallet.com/ (Dashboard for mobile phones)

Kapitel 14: DeFi in der realen Welt

In den vorangegangenen Kapiteln versuchten wir, dir das Konzept von DeFi sowie die unterschiedlichen Anwendungsmöglichkeiten näherzubringen. Es bleiben jedoch Fragen offen, etwa wie dezentralisiert solche *DeFi-DApps* sind und ob es eine Zielgruppe gibt, die DeFi-Produkte tatsächlich im wirklichen Leben verwenden wird. In diesem Abschnitt werden wir versuchen, dir das DeFi-Konzept in Alltagssituationen anhand von zwei Fallstudien näherzubringen. Wir hoffen, dass du dadurch das Zukunftspotenzial sowie die Nützlichkeit von DeFi besser nachvollziehen kannst.

Beispiel 1: Überleben in Argentiniens Hyperinflation

Während einer branchenbekannten Ethereum-Konferenz im Oktober 2019 hielt Mariano Conti, Leiter des *Smart Contract-Bereichs* bei der *Maker Foundation*, einen Vortrag darüber, wie er persönlich mit der Inflation und der Wirtschaftskrise in Argentinien umgeht. Die Inflationsrate in Argentinien erreichte im Jahr 2019 einen Höchstwert von 53,8 %, was den höchsten Inflationswert seit 28 Jahren darstellte. Damit gehörte Argentinien zu den fünf Ländern mit den höchsten Inflationsraten weltweit. Um das noch einmal zu verdeutlichen: Eine Inflation von 53,8 % in einem Jahr bedeutet, dass deine Währung sowie dein gesamtes Geldvermögen um 53,8 % an Wert verliert.

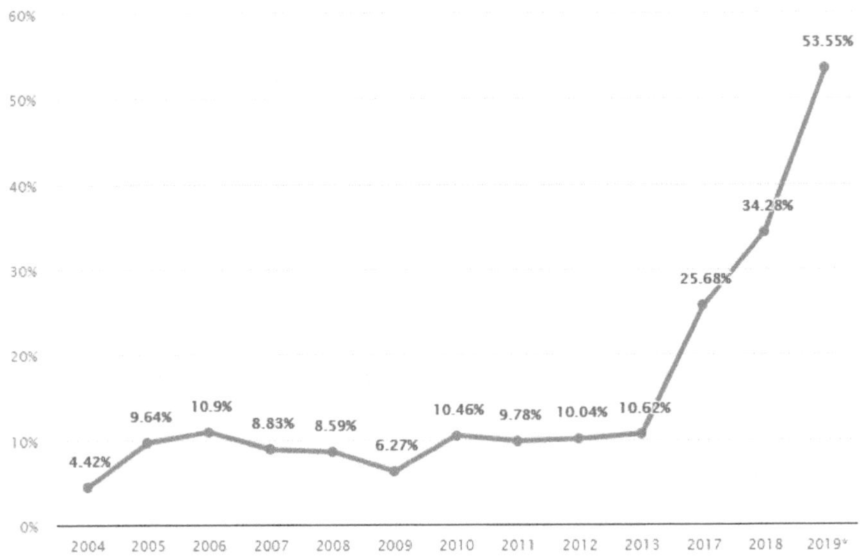

Abbildung 7 - Argentinische Inflationsrate von 2004 bis 2019 in Prozent

In einem Land zu leben, in dem sich der Wert der Landeswährung praktisch jedes Jahr aufs Neue halbiert, ist nicht einfach und schafft ein wirtschaftlich unsicheres Umfeld. Um in Argentinien überleben zu können, versuchte Mariano, sich sein Gehalt und all seine Bezahlungen vollständig in DAI auszahlen zu lassen. Wie du es vielleicht aus den vorherigen Kapiteln noch in Erinnerung hast, ist DAI eine stabile, an den US-Dollar gebundene Kryptowährung. Laut Mariano ist unter den Argentiniern der US-Dollar generell hoch angesehen, aber trotzdem nicht einfach als Ersatzwährung einsetzbar. Zum einen wird er politisch oft verboten und dessen Verwendung strafrechtlich verfolgt, zum anderen ist der Tauschkurs zum argentinischen Peso ebenso inflationär, unbeständig und unterliegt vielen Mittelsmännern. Durch einen gesetzlich definierten Höchstwert von 200 US-Dollar und der ständigen Unsicherheit begann der Schwarzmarkt für den US-Dollar als Alternativwährung zu blühen, was zur Folge hatte, dass der Tauschkurs vom argentinischen Peso zum US-Dollar um 30 % höher war, als es die internationalen Währungsbörsen angaben.[1]

Selbst Argentinier, die bei ausländischen Unternehmen beschäftigt sind und von ihrem Arbeitgeber in US-Dollar ausbezahlt werden, sind dazu verpflichtet, ihren Lohn innerhalb von fünf Tagen in argentinische Pesos umzutauschen. Das führte schon früh dazu, dass sich vor allem argentinische Freiberufler bevorzugt von ihren Kunden in Bitcoin bezahlen ließen. Das funktionierte eine Zeit lang hervorragend, bis es Anfang 2018 nach einer Kursrallye nach oben mit dem Kurs von Bitcoin steil bergab ging. Von diesem Zeitpunkt an war klar, dass der Bitcoin als Zahlungsersatzmittel im Alltag nicht infrage kommen würde, da seine Volatilität ihn zu instabil erscheinen lässt. Für Mariano selbst schien das Konzept von DAI die Lösung des Problems zu sein, um die Vorteile der Anonymität und Geschwindigkeit von Kryptowährungen gepaart mit der Stabilität des US-Dollars in einer Währung haben zu können. Aber wie verwendet er den DAI? Einmal im Monat hebt er ein Minimum seines Geldbetrags ab, um seine Miete, Lebensmittel und Kreditkartenschulden zu bezahlen. Seinen Kontostand in argentinischen Peso versucht er dabei immer nach dem Begleichen seiner Rechnungen auf null zu halten, während er gleichzeitig sein verbleibendes Geld in den Kauf von Ether investiert und DAI zur Verzinsung anlegt.

Das ist für Mariano und viele seiner Landsleute eine inzwischen reguläre Form der Geldanlage, um sich nicht auf eine zerfallende Landeswährung oder ein marodes Bankensystem verlassen zu müssen. Natürlich ist man sich bei der Verwendung von DeFi-DApps den einhergehenden Risiken von *Smart Contracts* oder den *DeFi-Plattformen* durchaus bewusst,

---

1 „Argentina's ‚little trees' blossom as forex controls fuel black ..." 5 Feb. 2020, https://www.reuters.com/article/us-argentina-currency-blackmarket/argentinas-little-trees-blossom-as-forex-controls-fuel-black-market-idUSKBN1ZZ1H1.

aber die Alternative ist ein noch höheres Risiko mit dem lokalen Banken- und Währungssystem. Solch ein Beispiel findet sich nicht nur in Argentinien, sondern ebenso in vielen anderen wirtschaftlich angeschlagenen Ländern dieser Welt und hierbei bietet DeFi bereits eine der Lösungen für die dort betroffenen Menschen.

Übrigens, falls du an der Präsentation von Mariano interessiert bist, findest du Sie unter diesem Link:

https://slideslive.com/38920018/living-on-defi-how-i-survive-argentinas-50-inflation

Beispiel 2: Die Verbannung durch Uniswap

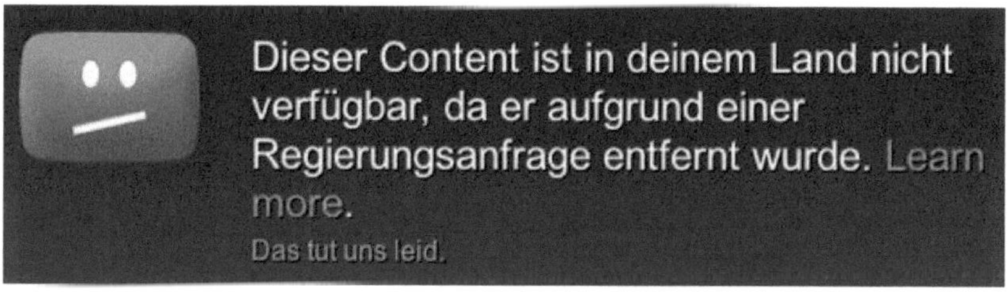

„Dieser Content ist in deinem Lang nicht verfügbar, da er aufgrund einer Regierungsanfrage entfernt wurde"

Vielleicht hast du diesen Hinweis schon einmal während dem Surfen im Internet gesehen. Es gibt Videos, Websites oder Apps, die wir uns aufgrund staatlicher oder rechtlicher Eingriffe nicht ansehen dürfen. Dies liegt meistens an nationalen Gesetzen, die uns die Nutzung dieser Medien und/oder Anwendungen untersagen. Das ist nervig, aber wir haben uns wahrscheinlich alle irgendwie damit abfinden müssen, an manchen Stellen immer wieder einmal zensiert oder bevormundet zu werden. Das Leben geht weiter und wir gucken, ob wir das gewünschte Video auf einer anderen Website sehen oder die Anwendung woanders im World Wide Web besorgen können.

Verbote von Videos, Apps oder Anwendungen sollten keine allzu nachteiligen Auswirkungen auf unser Online-Leben haben, aber stimmt diese Aussage auch noch, wenn uns der Zugang zu einer Bank oder einem Finanzinstitut verwehrt wird? Genau das trifft meistens diejenigen am härtesten, die einen solchen Zugang am dringendsten benötigen würden. Viele Personen sehen sich dazu gezwungen, Kredite aufnehmen zu müssen, um die eigenen Ausgaben decken zu können. Auch wenn DeFi hier vielleicht eine Alternative für sonst wenig verfügbare Finanzdienstleister wäre, wurden DeFi-Anwendungen bereits bewusst zensiert und/oder blockiert. Ein Beispiel ist die geographische Blockierung von *Uniswap* (siehe Kapitel 7) im Dezember 2019. Damals aktualisierte und veröffentlichte das Uniswap-Team in aller Stille eine Änderung ihres Open-Source-Programmcodes auf Github, um Nutzern aus bestimmten Ländern (es handelte sich um Belarus, Kuba, Iran, Irak, Elfenbeinküste, Liberia, Nordkorea, Sudan, Syrien und Simbabwe) den Zugriff auf die Hauptwebsite www.uniswap.exchange zu verwehren. Das Ergebnis sieht wie folgt aus:

Bisher hat sich *Uniswap* hierzu nicht geäußert, aber man vermutet, dass das *Uniswap*-Team sich zu diesem Schritt gezwungen sah, um geltende US-Gesetze einzuhalten, da ein Großteil des Teams in New York ansässig ist und US-Investoren des DeFi-Projekts darauf drängten. Ungeachtet der Gründe würde eine solche Aktion dennoch gegen alles verstoßen, wofür das Konzept von DeFi steht – dass jeder überall Zugang zu DeFi-Angeboten haben kann, wenn er das möchte.

Das Verbot, welches das *Uniswap*-Team im Programmcode verhängte, hielt die Benutzer jedoch nicht davon ab, das *Uniswap*-Protokoll weiterhin über Umwege im Internet zu verwenden. Tatsächlich konnte man nicht so einfach, ein Angebot über die Blockchain für bestimmte Länder unzugänglich machen. Das *Uniswap*-Protokoll wird auf der

Ethereum-Blockchain (die weltweit für jeden zugänglich ist) aufgebaut und eingesetzt. Innerhalb weniger Stunden wurden mehrere Websites, die mit dem *Uniswap*-Protokoll verbunden waren, in Betrieb genommen, sodass Benutzer, welche zuvor gesperrt waren, weiterhin auf das *Uniswap*-Protokoll zugreifen konnten. Das *Uniswap*-Team hatte zwar die Kontrolle über das Frontend (der Websitezugang: www.uniswap.exchange), aber keine Kontrolle darüber, wer auf das Backend (das unter dem Frontend befindliche *Uniswap*-Protokoll, welches in der Ethereum-Blockchain integriert ist), zugreifen kann oder nicht.

Dies war eine sehr interessante Fallstudie, da sie die Stärken der DeFi-Protokolle hervorhob, etwas, was im traditionellen Finanzwesen nicht passieren würde. Ein Schritt, der ursprünglich unternommen wurde, um gegen das Kernethos der DeFi zu verstoßen, stellte schließlich eine ihrer Hauptstärken heraus. Dieser Vorfall wird bestimmt nicht der letzte gewesen sein, der die DeFi-Welt herausfordert, und genau deswegen möchten wir dir die generellen Gefahren und Risiken von DeFi auf den nächsten Seiten aufzeigen.

Die Risiken von DeFi

Wie bei jeder Entwicklung und jedem aufkommenden Trend gibt es auch bei DeFi einige Risiken, die wir dir in diesem Buch aufzeigen möchten. Unserer Meinung nach überwiegen die Vorteile bei DeFi die Risiken, aber dennoch sollte man die folgenden Risiken im Hinterkopf behalten:

- **Regulatorische Risiken**: Wie bei der Geoblockierung von *Uniswap* gibt es generell regulatorische Risiken bei DeFi. Regulierungsbehörden und Gerichtsbarkeiten sind dem Thema DeFi aufgrund des generellen Misstrauens gegenüber Kryptowährungen und der damit einhergehenden Komplexität eher negativ gesinnt. Zwar ist derzeit völlig unklar, wie Regierungen die Verwendung von DeFi-Angeboten verhindern könnten, aber zumindest die nationalen Kryptowährungsbörsen könnten jederzeit das erste Angriffsziel im Falle eines Verbots sein. Somit würde es vielen erschwert, sich überhaupt mit Kryptowährungen einzudecken.

- **Technische Risiken**: Wer seine Finanzen dezentral steuert, muss sich darüber im Klaren sein, dass „dezentral" auch bedeutet, dass die Eigenverantwortung sehr hoch ist und es im Ernstfall keine Beschwerdestelle oder Kundenservice gibt. Der Hack eines Smart Contracts ist derzeit sogar rechtlich nicht geklärt, da der Hacker eine Schwachstelle in einem Computerprotokoll ausnutzt und somit die darin befindlichen Kryptowährungen entwenden kann. Ob dies strafrechtlich als Diebstahl gewertet werden kann, ist noch umstritten, und es bleibt die Frage, welche rechtliche Instanz für eine dezentralisierte Straftat verantwortlich ist.

- **Markttechnische und nutzerbasierte Risiken**: Kryptowährungen sind volatil – auch wenn Stablecoins bereits eine stabile Alternative zu Ether, Bitcoin & Co. darstellen, bleibt noch ein Restrisiko. Es gibt keine Regierung, keine Zentralbank oder sonstige Institution, die eingreifen könnte. Der Umgang mit Kryptowährungen setzt daher ein gutes Verständnis der Materie voraus. Allein das Verlieren deiner BackUp-Phrase für deine Wallet kann für dich einen Totalverlust darstellen. DeFi bietet uns enorme Möglichkeiten, aber erfordert auch eine Menge Eigeninitiative und Eigenverantwortung. Ebenso sind Kryptowährungen und somit auch DeFi-Projekte jederzeit dem Spekulationsgeschehen ausgesetzt. So schaffte es der YFI-Token (ein Governance-Token des DeFi-Protokolls *yearn.finance*), um über 50.000 % im Kurs zu steigen. Bei solchen enormen Wertsteigerungen ist es unvermeidlich, dass viele Spekulanten und Zocker angezogen werden und ein ebenso schneller Kurseinbruch jederzeit erfolgen kann.

Kapitel 15: DeFi in der Zukunft

Unserer Meinung nach steht DeFi für die Zukunft des Finanzwesens. Auch wenn dies kontrovers klingen mag, wollen wir hier noch einmal zusammenfassen, warum wir glauben, dass dies der Fall ist. Anfang 2020 erreichte der in DeFi DApps eingebrachte Gesamtwert den bedeutenden Meilenstein von 1 Milliarde US-Dollar. Gegen Ende 2020 sind es bereits mehr als 12 Milliarden US-Dollar. Mit anderen Worten, das ist der Gesamtbetrag des programmierbaren Geldes, welcher sich derzeit in *Smart Contracts* befindet, die als Bausteine eines völlig neuen dezentralisierten Finanzsystems im Internet dienen. Das Wachstum kann sich sehen lassen. Hier eine kurze Zusammenfassung der Reise, die DeFi als Phänomen bereits hinter sich hat:

- 2018: eingebrachter Wert (Total Value Locked) verfünffachte sich von 50 Millionen US-Dollar zu 275 Millionen US-Dollar
- 2019: eingebrachter Wert (Total Value Locked) verdoppelte sich bis auf 667 Millionen US-Dollar
- 2020: eingebrachter Wert (Total Value Locked) verzwanzigfachte sich bis auf 12 Milliarden US-Dollar
- 2021/2022/2023 – Die EU führt einen digitalen Euro ein und ein Großteil der Bürger flüchtet bewusst in Kryptowährungen, um einer möglichen staatlichen Überwachung zu entgehen.....? Wer weiß.....wir lassen uns überraschen.

Lass uns dir ebenso kurz aufzählen, was uns DeFi ermöglichen kann:

- **Transparenz** – ein transparentes, nachvollzichbares Ökosystem einer Finanzwelt mit vielen unterschiedlichen Möglichkeiten

- **Zugänglichkeit** – ein freier Zugang zu DeFi-Anwendungen ohne Diskriminierung aufgrund von Rasse, Geschlecht, Religion, Nationalität oder geographischer Zugehörigkeit

- **Effizienz** – die Programmierung und Digitalisierung von Geld ermöglicht es uns, bisher existierende Mittelmänner zu umgehen und eine effizientere Finanzwelt zu erschaffen

- **Benutzerfreundlichkeit** – Geld kann nun überallhin, an jeden und zu jeder Zeit transferiert werden, der Zugang zu Kryptowährungen hat. Dies ist für jene möglich, die eine Wallet haben, und dafür sind nur eine kleine Gebühr und eine sehr kurze Wartezeit erforderlich.

All diese Punkte haben es Nutzern ermöglicht, einige der folgenden Dinge zu verwirklichen:

- Liquidität zur Verfügung zu stellen, um daraus Erträge erzielen zu können
- Kredite (mit Sicherheiten) ohne Überprüfung und Bürokratie aufzunehmen und jederzeit zurückzahlen zu können
- automatisierte Handelsstrategien ausführen zu können, ohne die Möglichkeiten und Kenntnisse eines Investmentbankers zu besitzen

Das Beste daran ist vielleicht, dass all die hier genannten Punkte für jedermann, überall und jederzeit zugänglich sind, solange man nur mit dem Internet verbunden ist. Das ist die Stärke von DeFi und wir stehen erst am Anfang dieser Entwicklung.

Abseits aller Risiken und Gefahren von DeFi ist wohl die Benutzererfahrung der ausschlaggebendste Punkt. Weltweit arbeiten derzeit unterschiedliche Teams daran, die Benutzerfreundlichkeit und das Erlebnis der Kunden beim Benutzen von DeFi-Produkten zu verbessern. Lass uns doch an dieser Stelle mal ein paar solcher Teams und deren Produkte aufzählen:

- **Wallet** – *Argent* arbeitet daran, ein besseres, benutzerorientiertes Erlebnis für die Benutzer ihrer Wallet zu schaffen. Auch andere Wallet-Anbieter haben erkannt, dass eine Wallet nicht nur der reinen Verwahrung und Verwaltung von Kryptowährungen dienen kann, sondern zusätzliche Angebote wie z. B. eine Integration des Compound-Protokolls oder andere DeFi-Angebote das Benutzererlebnis enorm verbessern können.

- **Übersicht von DeFi-Angeboten** – *Zapper.fi* nimmt mit seinem Angebot bereits einen Großteil an Komplexität aus der Handhabung und erlaubt es dir als Nutzer, verschiedene DeFi-Angebote zu nutzen und dabei die Transaktionen und den Zeitaufwand zu minimieren.

- **Benutzerfreundliche Entwicklung und Programmierung** – *Gelato Finance* ist ein Anbieter von Programmierungshilfen für *Smart Contracts*. Dabei hat sich das Team darauf konzentriert, eine Art „Falls dies, dann das“-Regel für Kryptowährungen zu ermöglichen, was wiederum Menschen ohne Programmierkenntnisse den Einstieg in die Entwicklung von Smart Contracts ermöglicht. Versuche es doch selbst einmal und rede dir nicht ein, dass dies nur eine Sache für Nerds und Geeks wäre. Eine einfache Kondition für deine Wallet (z. B. „Kaufe Ether, wenn der Kurs bei 200 US-Dollar steht mit meinen Dai") kann dort schnell selbst und einfach programmiert werden.

- **Versicherung** – Finanzielle Transaktionen bergen immer ein gewisses Mindestrisiko. In einer dezentralen Welt von Kryptowährungen und programmierten Computer-Protokollen ist dieses Risiko noch einmal um einiges größer. Anbieter wie *Nexus Mutual* oder *Opyn* arbeiten daran, diese Unsicherheit und Gefahren aus dem Markt zu nehmen und dir allein durch den Verzicht eines kleinen Anteils deiner Rendite einen solchen Schutz zu bieten.

- **Liquidität** – Inzwischen gibt es viele dezentralisierte Kryptowährungsbörsen (DEXes) und dennoch ist es fraglich, ob jeder dieser Anbieter über genügend Liquidität verfügt, um deine Order ausführen zu können. Hier kommen inzwischen Liquiditäts-Aggregatoren hinzu, die dir dabei helfen, deine Aufträge bzw. Orders je nach Liquiditätslage der dezentralen Kryptowährungsbörsen richtig zu verteilen. Selbst eine Aufteilung deiner Order auf verschiedene DEXes zu den besten Preisen ist möglich. Anbieter hierfür sind z. B. 1inch.exchange, Paraswap und DEX.AG.

- **Rendite-Optimierung** – Erinnerst du dich noch an die Zeiten, in denen du nach dem besten Zinssatz für dein Tagesgeldkonto Ausschau hieltst und dein Kapital zwischen unterschiedlichen Anbietern hin und her transferieren musstest? Das gehört in der DeFi-Welt definitiv der Vergangenheit an. Anbieter wie idle.finance, DeFiSaver and iEarn allozieren und verwalten deine Kryptowährungen automatisiert und suchen ununterbrochen nach den besten Renditen bzw. Zinserträgen auf der Ethereum-Blockchain für dich.

Und ehrlich gesagt sind wir bei CoinGecko fest davon überzeugt, dass die „Killer-App“, die alles verändern kann, schon bald kommen wird.

An dieser Stelle möchten wir dir danken, dass du dieses Buch bis hierhin aufmerksam gelesen hast, und wir hoffen, dass du dich in Sachen DeFi nun informiert genug fühlst, um mit deiner eigenen Reise in die DeFi-Welt beginnen zu können. Wir freuen uns, wenn du uns auf unserem Webportal www.coingecko.com besuchst, um in der DeFi-Welt weiterhin auf dem neuesten Stand zu bleiben, und wünschen dir alles Gute.

Kapitel 16: Steuerliche Besonderheiten

Steuerlich betrachtet sind Kryptowährungen nach dem deutschen Steuerrecht weder gesetzliche Zahlungsmittel noch Devisen oder Sorten. Ebenso ist die Besteuerung von Kryptowährungen derzeit noch nicht explizit gesetzlich geregelt. Nach einer Definition der EU handelt es sich bei Kryptowährungen um ein **immateriell, nicht abnutzbares Wirtschaftsgut**.

Üblicherweise sind traditionelle Kryptowährungsbörsen dazu verpflichtet, alle deine Transaktionen aufzuzeichnen und bei Nachfrage der Steuerbehörden diese auch entsprechend offenzulegen. Das ist bei DeFi-Anbietern allerdings etwas schwieriger, denn es gibt kaum zentrale Ansprechpartner und die Hintermänner der DeFi-Protokolle sind meist über den gesamten Globus verteilt.

Nach §90 Abs. 1 AO bist du nach deutschem Steuerrecht generell zur Mithilfe bei der Ermittlung der richtigen Steuer verpflichtet. Daher empfehlen wir dir für das Finanzamt aber auch für deine eigene Übersicht, jede DeFi-Transaktion korrekt aufzuzeichnen.

Eine solche Aufzeichnung könntest du z. B. mit Excel vornehmen. Ein Beispiel wie so eine Auflistung dort aussehen könnte, zeigen wir dir hier:

Datum	Typ	Betrag	Börse, Plattform	Ausgangs-wert	Kurs	Menge	Zielwert	Kurs	Menge
01.11.2020	Tausch	100,00 €	Uniswap	Ethereum	339,32 €	0,29470706	**Chainlink**	**9,71**	**10,298**

Wichtig ist, dass du die genauen Daten angibst und auch die entstandenen Gebühren (Gas-Gebühren, Liquidity-Gebühren usw.) entsprechend zu jeder getätigten Transaktion vermerkst.

Um angegebene Beträge korrekt umrechnen zu können, kannst du auf der CoinGecko-Seite bei jeder Kryptowährungen die jeweiligen Werte in Euro zum aktuellen durchschnittlichen Börsenpreis umrechnen.

Beachte deine Spekulationsfrist: Zwischen der Anschaffung (Kauf) und der Veräußerung (Verkauf) einer Kryptowährung muss mindestens ein Jahr liegen, damit deine Transaktion und der daraus entstandene Gewinn steuerfrei bleibt. Hierbei spricht man von einer Spekulationsfrist.

Ansonsten greift dein persönlicher Steuersatz, welcher zwischen 0% und 45% liegen kann. Ebenso erhöht sich nach der derzeitigen Rechtsprechung deine Spekulationsfrist von 1 Jahr auf 10 Jahre, wenn du auf deine Kryptowährungen entsprechend Zinsen erhälst.

Bitte betrachte das hier nicht als steuerliche Beratung. Der Gesetzgeber kann jederzeit die Regeln hier ändern und du solltest über den Sachverhalt mit deinem Steuerberater des Vertrauens sprechen und dich von ihm beraten lassen.

Appendix

Unsere empfohlenen Quellen für deinen Start in die DeFi-Welt

Mit Fiat-Geld deine ersten Kryptowährungen kaufen:

Unter einer Kryptowährungsbörse versteht man eine Plattform, auf der du gegen Fiatgeld (z. B. Euro oder US-Dollar) deine gewünschten Kryptowährungen dir kaufen kannst. Zu den größten bekanntesten Kryptowährungsbörsen gehören:

- Binance; www.binance.com
- Bitmex; www.bitmex.com
- Kraken; www.kraken.com

Diese genannten Kryptowährungsbörsen sind alle zentralisiert und auch leider nur in englischer Sprache nutzbar. Inzwischen gibt es aber auch für den Kauf von Kryptowährungen auch deutsche, regulierte Anlaufstellen, wie z. B.:

- **Börse Stuttgart Digital Exchange**; www.bsdex.de/de/
- **BISON App** (App-Handelsplattform der Börse Stuttgar); https://bisonapp.com/
- **Bitwala** (Eigenes Bankkonto mit Kryptowährungen); www.bitwala.com/de/

Um den Überblick zu behalten:

DeFi Prime www.defiprime.com
Der führende Blog für Neuerungen und aktuelle Ereignisse in der DeFi-Welt.

DeFi Pulse www.defipulse.com
Die führende Rangliste von allen relevanten DeFi-Projekten und deren derzeitige Marktkapitalisierung.

LoanScan: www.loanscan.io
Eine Rangliste der aktuellen Renditen und Zinsen, deiner Kryptowährugen.

Bankless www.bankless.substack.com

Eine interessante Mischung aus Blog, Meinungen und Tutorials, um dich über die Geschehnisse der DeFi-Welt immer auf dem Laufenden zu halten.

Da gibt's was auf die Ohren:

Podcasts über die DeFi-Welt, wie z. B.:

Into the Ether - Ethhub - https://podcast.ethhub.io/
PoV Crypto - https://povcryptopod.libsyn.com/
Wyre Podcast - https://blog.sendwyre.com/wyretalks/home

Das ist doch was fürs Auge:

Chris Blec - https://www.youtube.com/c/chrisblec

CoinBureau - https://www.youtube.com/c/CoinBureau

Projekte, die uns ebenso begeistern:

Dashboards	DeFi Prime Portfolio - http://portfolio.defiprime.com Frontier - https://frontierwallet.com/ InstaDApp - https://instadapp.io/ MyDeFi - https://mydefi.org/apps Zerion - https://zerion.io/
Dezentrale Börsen	Bancor - https://www.bancor.network/ Curve Finance - https://www.curve.fi/ Dex Blue https://dex.blue/ Kyber - https://kyberswap.com/swap
Aggregatoren	1inch - https://1inch.exchange/ Dex.ag - https://dex.ag/ Paraswap - https://paraswap.io/
Wetten auf zukünftige Ereignisse	Augur - https://www.augur.net/ Polymarket - https://polymarket.com/
Steuerliche Dokumentation	TokenTax - https://tokentax.co/
Wallets	GnosisSafe - https://safe.gnosis.io/ Monolith - https://monolith.xyz/ Monolith ist mehr als eine Wallet. Angeboten wird ebenso noch eine dazugehörige VISA-Kreditkarten, die du mit deiner Wallet verbinden kannst. In Zukunft ist ebenso die Verknüpfung mit einem Monolith-Girokonto (Mit europäischer IBAN) geplant, welche es dir ermöglichen wird, deine eingehende Gehaltszahlung von EURO direkt umgewandelt in DAI zu erhalten. Nüchtern betrachtet, wäre dies das erste DeFi-Girokonto.
Rendite-Optimierer	Iearn - https://iearn.finance/ RAY https://staked.us/v/robo-advisor-yield/

Glossar

A

Annual Percentage Yield (APY) Jährliche prozentuale Rendite	Hierbei handelt es sich um die Rendite, die innerhalb eines Jahres durch eine Investition erwirtschaftet wird. Man spricht hierbei von den realisierten Rendite innerhalb eines Jahres.
Admin Key Risk Verwaltungsschlüssel-Risiko	Das Risiko, durch das ein DeFi-Protokoll bewusst geschädigt oder manipuliert werden könnte.
Automated Market Maker (AMM) Automatisierte Marktpfleger oder Marktmacher	Eine automatisierte Funktion, die dafür sorgt, dass alle Teilnehmer/Kunden ihre Transaktionen zu marktgerechten Preisen durchführen können. Somit werden Geld- und Briefkurse durch einen Algorithmus erzeugt.
Airdrop umgangssprachliche Bezeichnung für eine Art **Incentive**, speziell im Krypto-Bereich	Bei einem Airdrop wird eine gewisse Menge von Kryptowährungen bzw. Token an Nutzer verschenkt. Die Zugabe wird direkt an die Wallets der Nutzer ausgezahlt. Das erfolgt in erster Linie, um Aufmerksamkeit zu generieren und weitere Benutzer anzulocken.
Audit Systematische Überprüfung / Begutachtung	Eine systematische Überprüfung der Aufzeichnungen und Hintergründe einer Organisation, um sicherzustellen, dass die Vorgänge fair und richtig sind. Im DeFi-Bereich bezieht sich diese Überprüfung auf die Funktionsweise von Smart Contracts und die Vermeidung von Schwachstellen der DeFi-Protokolle.
Application Programming Interface (API) Programmier-schnittstelle	Eine programmierte Schnittstelle, die als Überbrückung dient, die es zwei Anwendungen ermöglicht, miteinander zu interagieren. Beispielsweise kann man die API von CoinGecko verwenden, um den aktuellen Marktpreis von Kryptowährungen auf der eigenen Website abzurufen und darzustellen.

B

Buy and Hold Bezeichnung einer Anlagestrategie	»Buy and Hold« ist eine Anlagestrategie, bei der man in gewisse Werte investiert und davon ausgeht, dass deren Preis langfristig sich steigern wird. In der Krypto-Community wird hierbei scherzeshalber auch vom »HODLn« gesprochen. In unserem Buch ist dies z. B. auch eine Handelsstrategie bei Token Sets, die sich an ihrer Zielallokation orientiert, um eine Überbeanspruchung durch eine Kryptowährung zu verhindern und das Risiko auf mehrere Token zu verteilen.
Bonding Curve	Eine *Bonding-Kurve* ist eine mathematische Kurve, die eine dynamische Beziehung zwischen Preis eines Tokens und dem Token-Angebot definiert. Bonding-Kurven wirken wie ein automatisierter Market Maker, bei dem mit abnehmendem Angebot eines Tokens der Preis eines Tokens steigt. Sie ist nützlich, da sie Käufern und Verkäufern den Zugang zu einem sofortigen Markt ohne die Notwendigkeit von Zwischenhändlern erleichtert.

C

Cryptocurrency Exchange (Cryptoexchange) Kryptowährungs-börse	Unter einer Kryptowährungsbörse versteht man eine Plattform, auf der du gegen Fiatgeld (z. B. Euro oder US-Dollar) deine gewünschten Kryptowährungen dir kaufen kannst.
Custodian	Unter einem Custodian versteht man eine Art Depotbank, also eine dritte Partei, bei der deine Kryptowährungen aufbewahrt werden und der du auch die Kontrolle über deine Kryptowährungen anvertraust.

Fiat-collateralized stablecoin	Ein Stablecoin, der durch den Wert von Kryptowährungen besichert wird. Als Beispiel: Tether, der Wert von einem Tether entspricht immer den Wert eines US-Dollars.
Crypto-collateralized stablecoin	Eine Stablecoin, der durch eine andere Kryptowährung gestützt wird. Zum Beispiel ist DAI durch Ether zu einem vereinbarten Besicherungsverhältnis (collateral ratio) gesichert.
Centralized Exchange (CEX)	Eine zentralisierte Kryptowährungsbörse, die auf zentralisierte Weise arbeitet und die Gelder und Kryptowährungen ihrer Kunden verwahrt.
Collateral Sicherheit	Unter einem *Collateral* versteht man einen Vermögenswert, der als Sicherheit bei einem Kreditgeber hinterlegt wird. Mit dieser Sicherheit, wird dann einem erlaubt, sich einen anderen Vermögenswert auszuleihen. Das Risiko für den Kreditgeber ist hierdurch wesentlich geringer, denn im Falle einer Nicht-Rückzahlung des Kredits, hätte der Kreditgeber einen Zugriff auf die hinterlegten Vermögenswerte (den Collateral).
Collateral Ratio Sicherheits-Faktor	Unter dem Collateral Ratio versteht man das Besicherungsverhältnis. Das bezieht sich auf den maximalen Betrag eines Vermögenswerts, den du dir leihen könntest, nachdem du eine Sicherheit (Collateral) in eine dezentralisierte DeFi-Anwendung eingebracht hast.
cTokens	cToken dienen als eine Art Zertifikate, welche in deiner Wallet belegen, dass du dem Liquiditätspool von Compound deine entsprechenden Token zur Verfügung gestellt hast.
Cover Amount Deckungssumme	Unter einem Cover Amount versteht man eine Deckungssumme. Er bezieht sich auf den maximal von der Versicherungsgesellschaft zu zahlenden Betrag, wenn ein Anspruch geltend gemacht wird.

Claim Assessment process	Ein Claim Assessment Process ist ein Verfahren zur Bewertung einer Forderung. Es ist die Verpflichtung des Versicherers, die von einem Versicherer eingereichte Klage zu prüfen. Nach dem Verfahren erstattet die Versicherungsgesellschaft dem Versicherten das Geld auf der Grundlage des Deckungsbetrags zurück.
Composability Zusammen-setzbarkeit	Die Composability (Deutsch: Zusammensetzbarkeit) ist ein Systemdesignprinzip, dass es ermöglicht, Anwendungen aus unterschiedlichen Komponententeilen zu erstellen.

D

Decentralized Finance (DeFi)	DeFi ist ein Ökosystem, das die Nutzung von Finanzdienstleistungen wie Kreditaufnahme, Kreditvergabe, Handel, Zugang zu Versicherungen und mehr ermöglicht, ohne dass man sich auf eine zentralisierte Einheit verlassen muss.
Decentralized Applications (Dapps)	Anwendungen (Apps), welche auf dezentralisierten Peer-to-Peer-Netzwerken wie z. B. Ethereum laufen. Eine Übersicht aller DApps findest du auch unter www.dappradar.com/
Decentralized Autonomous Organization (DAO) Dezentrale autonome Organisation	Eine Dezentralisierte autonome Organisation (DAO) ist eine dezentrale Organisation, welche durch Regeln in *Smart Contracts* auf der Blockchain verankert sind. Die Regeln und der Umgang einer DAO sind transparent und die DAO, sowie deren Abstimmungen werden hierbei von Token-Inhabern kontrolliert und gesteuert.
Decentralized Exchange (DEX)	Eine dezentralisierte Kryptowährungsbörse (DEX) ermöglicht den Handel und den direkten Tausch von Token, ohne dass eine zentrale Börse hierfür benutzt werden muss.
Derivatives Derivate	Der Begriff »Derivat« kommt von dem Wort "ableiten", weil man hierunter einen Vertrag versteht, der seinen Wert von einer zugrundeliegenden Einheit order einem Basiswert ableitet. Einige der zugrundeliegenden Vermögenswerte können z. B. Rohstoffe, Währungen, Anleihen oder Kryptowährungen sein.

Dai Saving Rate (DSR)	Die Dai-Sparquote (DSR) ist ein Zins, der durch das Halten von DAI im Laufe der Zeit erwirtschaftet wird. Diese dient auch als monetäres Instrument, um die Nachfrage nach DAI zu beeinflussen.
Dashboard	Ein Dashboard ist eine einfache Plattform, die alle deine DeFi-Aktivitäten an einem Ort zusammenfasst. Es ist ein nützliches Werkzeug, um zu visualisieren und zu verfolgen, wo sich deine Assets in den verschiedenen DeFi-Protokollen befinden.

E

Ethereum	Ethereum ist eine Open-Source-basierte, programmierbare und dezentralisierte Plattform, welche auf der Blockchain-Technologie aufgebaut ist. Im Vergleich zu Bitcoin ermöglicht Ethereum Skriptsprachen, welche die Entwicklung von Anwendungen ermöglicht hat.
Ether	Ether ist die Kryptowährung, welche die Ethereum-Blockchain antreibt. Diese Kryptowährung ist ebenso der Treibstoff für die Apps im dezentralisierten Ethereum-Netzwerk.
ERC-20	ERC ist eine Abkürzung für ***E**thereum **R**equest for **C**omment* und die **20** steht für die Nummer des Antrags. Es handelt sich hierbei um ein offizielles Protokoll für Verbesserungsvorschläge im Ethereum-Netzwerk. ERC-20 bezieht sich auf den allgemein angenommenen Standard, der zur Erstellung von Token auf Ethereum-Blockchain verwendet wird.
Exposure	Das Risiko bezieht sich darauf, wie sehr du dem potenziellen Risiko des Verlusts deiner Investition "ausgesetzt" bist. Zum Beispiel bezieht sich das Kurs-Exposure auf das potenzielle Risiko, dass du deine Investition verlieren könntest, wenn sich der Kurs bewegt.

F

Future Contract Future	Es handelt sich um einen Vertrag, den du abschließt um einen bestimmten Vermögenswert zu einem bestimmten Preis, zu einem bestimmten Zeitpunkt, in der Zukunft zu kaufen oder zu verkaufen.
Factory Contract	Hierbei handelt es sich um einen *Smart Contract*, welcher die Fähigkeit besitzt, selbstständig weitere neue *Smart Contracts* zu erzeugen.

G

Gas	*Gas* bezieht sich auf die Maßeinheit für die Menge an Rechenaufwand, welcher für die Ausführung eines *Smart Contracts* auf der Ethereum-Blockchain erforderlich ist

H

HODL	Enstanden durch ein Foreneintrag eines Betrunkenen, der seine Kryptowährungen einfach weiter behalten wird und fest an deren Wertsteigerung glaubt. Statts "HOLD" schrieb er "HODL" und das ging in der Krypto-Community schnell in die Umgangssprache ein.

I

IMAP	*IMAP* steht für *Internet Message Access Protocol.* Es ist ein Internet-Protokoll, das E-Mail-Anwendungen den Zugriff auf E-Mails auf TCP/IP-Servern ermöglicht.
Index	Ein Index misst die Performance eines Korbes von unterschiedlichen Basiswerten, z. B. Kryptowährungen. Ein Index bewegt sich, wenn sich die gesamte Performance der zugrunde liegenden Vermögenswerte im Korb bewegt. Ein bekannter Index für deutsche Aktien ist z. B. der DAX.
Inverse	Diese Synthetix-Strategie ist für diejenigen gedacht, die einen von sinkenden Kursen profitieren wollen. Trader können diese kaufen, wenn sie der Meinung sind, dass eine Benchmark zu sinken droht.

J -

K -

Know-Your-Customer (KYC)	Know-Your-Customer (KYC) ist ein Compliance-Prozess für Kryptowährungsbörsen und sonstige Unternehmen zur Überprüfung und Bewertung ihrer Kunden. Der Kunde muss also hierbei seine Identität offenlegen. Dies versucht man in der DeFi-Welt zu umgehen, durch eine Anmeldung mit der Wallet.

L

Liquidation penalty Liquidationsstrafe	Hierbei handelt es sich um eine Art Strafgebühr, die ein Kreditnehmer zusammen mit seiner verwerteten Sicherheit zahlen muss, wenn der Wert seiner Sicherheit (Collateral) unter den Mindestsicherheitswert fallen würde.
Liquidity Pools Liquiditätspool	Unter einem Liquditätspool versteht man eine vorhandene Reserven an Token, welche sich auf Smart Contracts befinden und den Benutzern des Smart Contracts bei einem Tausch ihrer Token zur Verfügung stehen. Derzeit werden solche Liquiditätspools hauptsächlich zum Tausch, zur Kreditaufnahme, zum Verleihen und zur Versicherung verwendet.
Liquidity Risk Liquiditätsrisiko	Ein Risiko, bei dem ein dezentrales Protokoll, wie z. B. Compound, nicht mehr genügend Liquidität hätte. Dies könnte zum Zusammenbruch des Protokolls führen und fatale Auswirkungen haben.
Liquidity Providers Liquiditätsanbieter	Liquiditätsgeber bzw. -anbieter sind Personen, die ihre Vermögenswerte (Kryptowährungen) in den Liquiditätspool einbringen. Der Liquiditätspool wird sich hierdurch vergrößern, wenn es mehr Token gibt.
Liquidity Pool Aggregator Aggregator für Liquiditätspool	Es handelt sich um ein System, das die Liquiditätspools verschiedener Börsen aggregiert (sammelt) und in der Lage ist, alle verfügbaren Wechselkurse an einem Ort darzustellen und zu berücksichtigen. Es ermöglicht dir, die bestmöglichsten Kurse miteinander zu vergleichen.
Leverage Hebel-Effekt	Es handelt sich um eine Anlagestrategie, die darauf abzielt, durch den Einsatz von geliehenem Geld eine höhere potenzielle Rendite mit den eigenen Investition erzielen zu können. Ein Beispiel: Du besitzt 5.000 Euro in Kryptowährungen und leihst dir weitere 2.500 Euro hierauf zusätzlich. Somit kannst du nun Zinsen für 7.500 Euro bei einer Verleihung erwirtschaften.

M

MakerDAO	Die *MakerDAO* ist die Organisation hinter der Maker-Plattform und DAO steh hierbeit für die Organisationsform "Dezentralisierte Autonome Organisation". Der native Token von MakerDAO ist MKR und die Plattform von Maker DAO ist ebenso das erschaffende und verwaltende Protokoll für den Stablecoin DAI.
Market Maker Mechanisms Market Maker-Mechanismus	Ein Market-Maker-Mechanismus ist ein Algorithmus, der eine Bonding-Curve verwendet, um sowohl einen Kauf- als auch einen Verkaufspreis zu notieren. Im Krypto-Bereich wird der Market-Maker-Mechanismus hauptsächlich von den Plattformen Uniswap oder Kyber für das Tauschangebot von Token verwendet.
Margin Trading Margin-Handel	Hierunter versteht man eine Art der Investition, bei der man Geld von einem Makler leiht, um damit handeln zu können. Speziell im DeFi-Bereich ist es derzeit noch so, dass das Ausleihen von Kryptowährungen ebenso erfordert, dass du entsprechende Vermögenswerte (in Form von Kryptowährungen) hinterlegst.
MKR Der MKR-Token	Der *MKR-Token* ist eine Governance-Token der Maker-Plattform. Inhaber dieses Tokens können damit bei Verbesserungsvorschlägen zur Dezentralen Autonomen Organisation des Herstellers (DAO) abstimmen.
Mint Prägen	Mit dem "Minting" werden durch die Nutzung eines Protokolls, neue Token auf der Blockchain erschaffen.

N -

O

Order book Das Orderbuch	Er bezieht sich auf die Liste der Kauf- und Verkaufsaufträge für einen bestimmten Vermögenswert auf verschiedenen Preisniveaus. Das Orderbuch listet also alle Kaufs- und Verkaufsaufträge gegeneinander auf.
Over-collateralization Überbesicherung	Die Überbesicherung bezieht sich auf den Wert des besicherten Vermögenswertes, der höher sein muss als der Wert des geliehenen Vermögenswertes.
Option	Eine Option ist ein Recht, aber nicht eine Verpflichtung für jemanden, einen bestimmten Vermögenswert zu einem vereinbarten Preis an oder vor einem Verfallsdatum zu kaufen oder zu verkaufen.

P

Price discovery Preisfindung	Die Preisfindung bezieht sich auf den Akt der Bestimmung eines korrekten Preises von einem Vermögenswerts durch mehrere Faktoren, wie z. B. Angebot und Nachfrage.
Protocol	Ein Protokoll ist ein Basis Layer (=Fundament) von Codes, das etwas darüber aussagt, wie gewisse Programmierregeln hier zu funktionieren haben. Zum Beispiel haben die Bitcoin- und Ethereum-Blockchain voneinander unterschiedliche Protokolle.
Peer-to-Peer	In einer Blockchain bezieht sich "Peer" auf ein Computersystem oder Knoten in einem dezentralisierten Netzwerk. Peer-to-Peer (P2P) ist ein Netzwerk, in dem jeder Knoten die gleiche Berechtigung zur Validierung von Daten hat und in dem zwei Personen direkt miteinander interagieren können.

Q -

R

Range Bound Reichweite	Diese TokenSets-Strategie automatisiert den Kauf und Verkauf innerhalb eines festgelegten Bereichs und ist eher für bärische (fallende) oder neutrale Märkte geeignet.
Rebalancing Eine Anlagestrategie	Beim Rebalancing handelt es sich um einen Prozess der Aufrechterhaltung einer gewünschten Vermögensallokation in deinem Portfolio. Wenn du z. B. 50% Bitcoin, 40% Ether und 10% Stablecoins in deinem Portfolio halten möchtest und sich nun durch einen Investitionsgewinn der Anteil deiner Ether weiterhin erhöht, müsstest du neue Transaktionen (z. B. Wechsel von Ether in Bitcoin und Stablecoins) vornehmen, um deine gewünschte prozentuale Verteilung (Vermögensallokation) wiederherzustellen.
Risk Assessor	Jemand, der bei Nexus Mutual gegen bestimmte Smart Contracts und deren Sicherheit/Beständigkeit wettet. Er/sie wird dazu angeregt, dies zu tun, um Belohnungen in Form von NXM-Token zu erhalten, da andere Benutzer hierfür Versicherungen für die jeweiligen Smart Contracts kaufen.

S

Smart Contracts Intelligente (programmierte) Verträge	Ein Smart Contract ist ein programmierbarer Vertrag, der es zwei Gegenparteien ermöglicht, die Bedingungen einer Transaktion festzulegen, ohne dass sie für die Ausführung einer anderen dritten Partei vertrauen müssen.
Stablecoins Stabile Kryptowährungen	Eine Stablecoin ist eine Kryptowährung, die an einen anderen stabilen Vermögenswert, wie z. B. den US-Dollar und dessen Wert gebunden ist. Damit dient ein Stablecoin als stabiler Vermögenswert im Krypto-Portfolio.
Spot market	Unter einem Spot-Markt versteht man den Kauf und Verkauf von Vermögenswerten (z. B. Kryptowährungen), die unverzüglich nach deiner Transaktion dir auch ausgeliefert bzw. bereitgestellt werden.
Speculative activity Spekulation	Es handelt sich um einen Akt des Kaufens und Verkaufens mit der Erwartung, in absehbarer Zeit Gewinne erzielen zu können.
Spot market	Unter einem Spot-Markt versteht man den Kauf und Verkauf von Vermögenswerten (z. B. Kryptowährungen), die unverzüglich nach deiner Transaktion dir auch ausgeliefert bzw. bereitgestellt werden.
Stability Fee Stabilitäsgebühr	Er entspricht dem "Zinssatz", den du zusammen mit der Hauptschuld eines Tresors zahlen musst.
Slippage	Unter einem Slippage vesteht man die Differenz zwischen dem erwarteten und dem tatsächlichen Preis, zu dem eine Bestellung ausgeführt wurde. Solch ein Slippage entsteht im Allgemeinen durch eine zu geringe Liquidität.
Synths	Als Synths werden Synthetische Assets bezeichnet. Ein Synth ist ein Vermögenswert oder eine Mischung von Vermögenswerten, der/die denselben Wert oder dieselbe Wirkung hat/haben wie ein anderer Vermögenswert.
Smart Contract Cover	Ein Versicherungsangebot von Nexus Mutal zum Schutz der Benutzer bzgl. möglicher Hacks bei Smart Contracts, in die eigene Kryptowährungen eingezahlt bzw. investiert wurden.

T

TCP/IP	Die Bezeichnung steht für Transmission Control Protocol/Internet Protocol. Hiermit bezeichnet man ein Kommunikationsprotokoll zur Verbindung von Netzwerkgeräten im Internet.
Total Value Locked	Total Value Locked bezieht sich auf die kumulativen Sicherheiten, die insgesamt in alle DeFi-Produkte inzwischen eingezahlt wurden.
Technical Risk Technisches Risiko	Ein technisches Risiko bezieht sich auf die möglichen Fehler in Smart Contracts, welche von Hackern ausgenutzt werden und unbeabsichtigte Folgen haben können.
Trading Pairs Handelspaare	Ein Handelspaar ist ein Basisvermögenswert, der mit seinem Zielvermögenswert auf dem Handelsmarkt gepaart ist. Zum Beispiel ist für das Handelspaar ETH/DAI der Basiswert Ether und der Zielwert DAI.
Trend Trading	Bei dieser Strategie werden Indikatoren der Technischen Analyse verwendet, um auf der Grundlage der implementierten Strategie von 100% Zielanlage zu 100% stabilem Anlagevermögen zu wechseln.
Token Kryptowährung	Es ist eine Einheit eines digitalen Assets (Kryptowährung). Wortwörtlich sind es Wertmarken aber im Kryptobereich meint man hiermit Münzen (sog. Coins) , die auf bestehenden Blockchains ausgegeben werden. Im Deutschen spricht man hierbei eher von "Kryptowährungen" oder "Krypto-Werten".
Tokenize Tokenisierung	Es bezieht sich auf den Prozess der Umwandlung von Sachen (oder Werten) in digitale, handelbare Güter.

V

Value Staked	Diese Bezeichnung bezieht sich darauf, wie viel Wert ein Versicherer dem Zielrisiko gegenüberstellt. Ist der Wert, den der Versicherer abgesteckt hat, niedriger als das Zielrisiko, so ist es nicht deckungsfähig.

W

Wallet Dein Geldbeutel für Kryptowährungen	Eine Wallet ist eine benutzerfreundliche Schnittstelle zum Blockchain-Netzwerk, die als Speicher-, Transaktions- und Interaktionsbrücke zwischen dem Benutzer und der Blockchain verwendet werden kann.

Quellenverzeichnis

Kapitel 1: Die traditionellen Finanzinstitute

Bagnall, E. (2019, June 30). Top 1000 World Banks 2019 - The Banker International Press Release – for immediate release. Retrieved February 20, 2020, from https://www.thebanker.com/Top-1000-World-Banks/Top-1000-World-Banks-2019-The-Banker-International-Press-Release-for-immediate-release

Boehlke, J. (2019, September 18). How Long Does It Take to Have a Payment Post Online to Your Bank? Retrieved February 20, 2020, from https://www.gobankingrates.com/banking/checking-account/how-long-payment-posted-online-account/

Demirguc-Kunt, A., Klapper, L., Singer, D., Ansar, S., Hess, J. (2018).The Global Findex Database 2017: Measuring Financial Inclusion and the Fintech Revolution. https://doi.org/10.1596/978-1-4648-1259-0_ch2

How long does an Ethereum transaction really take? (2019, September 25). Retrieved February 20, 2020, from https://ethgasstation.info/blog/ethereum-transaction-how-long/

International Wire Transfers. (n.d.). Retrieved February 20, 2020, from https://www.bankofamerica.com/foreign-exchange/wire-transfer.go

Karlan, D., Ratan, A. L., & Zinman, J. (2014, March). Savings by and for the poor: a research review and agenda. Retrieved February 20, 2020, from https://www.ncbi.nlm.nih.gov/pmc/articles/PMC4358152/

Stably. (2019, September 20). Decentralized Finance vs. Traditional Finance: What You Need To Know. Retrieved from https://medium.com/stably-blog/decentralized-finance-vs-traditional-finance-what-you-need-to-know-3b57aed7a0c2

Kapitel 2: Was versteht man eigentlich unter Decentralized Finance

Campbell, L. (2020, January 6). DeFi Market Report for 2019 - Summary of DeFi Growth in 2019. Retrieved from https://defirate.com/market-report-2019/

Mitra, R. (n.d.). DeFi Use cases: The Best Examples of Decentralised Finance. Retrieved from https://blockgeeks.com/guides/defi-use-cases-the-best-examples-of-decentralised-finance/#_Tool_2_DeFi_Derivatives

Shawdagor, J. (2020, February 23). Sectors Realizing the Full Potential of DeFi Protocols In 2020. Retrieved from https://cointelegraph.com/news/sectors-realizing-the-full-potential-of-defi-protocols-in-2020

Thompson, P. (2020, January 5). Most Significant Hacks of 2019 - New Record of Twelve in One Year. Retrieved February 20, 2020, from https://cointelegraph.com/news/most-significant-hacks-of-2019-new-record-of-twelve-in-one-year

Kapitel 3: Ethereum – das Fundament

What is Ethereum? (2020, February 11). Retrieved from https://ethereum.org/what-is-ethereum/

Rosic, A. (2018). What is Ethereum Gas? [The Most Comprehensive Step-By-Step Guide!]. Retrieved from https://blockgeeks.com/guides/ethereum-gas/

Rosic, A. (2017). What Are Smart Contracts? [Ultimate Beginner's Guide to Smart Contracts]. Retrieved from https://blockgeeks.com/guides/smart-contracts/

Kapitel 4: Ethereum Wallets

Lee, I. (2018, June 22). A Complete Beginner's Guide to Using MetaMask. Retrieved from https://www.coingecko.com/buzz/complete-beginners-guide-to-metamask

Lesuisse, I. (2018, December 22). A new era for crypto security. Retrieved from https://medium.com/argenthq/a-new-era-for-crypto-security-57909a095ae3

Wright, M. (2020, February 13). Argent: The quick start guide. Retrieved from https://medium.com/argenthq/argent-the-quick-start-guide-13541ce2b1fb

Kapitel 5: Stablecoins

The Maker Protocol: MakerDAO's Multi-Collateral Dai (MCD) System (n.d.). Retrieved February 20, 2020, from https://makerdao.com/whitepaper/

MKR Tools (n.d.). Retrieved February 20, 2020, from https://mkr.tools/governance/stabilityfee

Maker Governance Dashboard (n.d.). Retrieved February 20, 2020, from https://vote.makerdao.com/pollin

Currency Re-imagined for the World: Multi-Collateral Dai Is Live! (2019, November 18). Retrieved from https://blog.makerdao.com/multi-collateral-dai-is-live/

Dai is now live! (2017, December 19). Retrieved from https://blog.makerdao.com/dai-is-now-live/

DSR. (n.d.). Retrieved February 20, 2020, from https://community-development.makerdao.com/makerdao-mcd-faqs/faqs/dsr

John, J. (2019, December 4). Stable Coins In 2019. Retrieved from https://www.decentralised.co/what-is-going-on-with-stable-coins/

Tether: Fiat currencies on the Bitcoin blockchain. (n.d.). Tether Whitepaper. Retrieved from https://tether.to/wp-content/uploads/2016/06/TetherWhitePaper.pdf

Kapitel 6: Dezentrale Kredite

Leshner, R. (2018, December 6). Compound FAQ. Retrieved from https://medium.com/compound-finance/faq-1a2636713b69

Kapitel 7: Dezentrale Börsen

Connect to Uniswap. (n.d.). Retrieved from https://docs.uniswap.io/frontend-integration/connect-to-uniswap#factory-contract

Juliano, A. (2017). dYdX: A Standard for Decentralized Margin Trading and Derivatives. Retrieved from https://whitepaper.dydx.exchange/

Uniswap: Stats, Charts and Guide: DeFi Pulse. (n.d.). Retrieved from https://defipulse.com/uniswap

Uniswap Whitepaper. (n.d.). Retrieved from https://hackmd.io/@Uniswap/HJ9jLsfTz

Yin, Z. (2020, February). What happens at expiration? Retrieved from https://help.dydx.exchange/en/articles/2906752-what-happens-at-expiration

Yin, Z. (2020, February). What is liquidation and when will liquidation occur? Retrieved from https://help.dydx.exchange/en/articles/2906496-what-is-liquidation-and-when-will-liquidation-occur

Zhang, Y., Chen, X., & Park, D. (2018). Formal Specification of Constant Product (x x y = k) Market Maker Model and Implementation. Retrieved from https://github.com/runtimeverification/verified-smart-contracts/blob/uniswap/uniswap/x-y-k.pdf

Kapitel 8: Dezentrale Derivate

Tulip Mania (n.d.). Retrieved from https://penelope.uchicago.edu/~grout/encyclopaedia_romana/aconite/tulipomania.html

Chen, J. (2020, January 27). Derivative. Retrieved from https://www.investopedia.com/terms/d/derivative.asp

Decentralised synthetic assets. (n.d.). Retrieved from https://www.synthetix.io/products/exchange/

Synthetix.Exchange Overview. (2019, February 15). Retrieved from https://blog.synthetix.io/synthetix-exchange-overview/

Synthethix Litepaper v1.3. (2019). Retrieved from https://www.synthetix.io/uploads/synthetix_litepaper.pdf

Kapitel 9: Dezentrale Vermögensverwaltung

Making Sense of the Mutual Fund Scandal Everything you may not want to ask (but really should know) about the crisis that's rocking the investment world. (2003, November 24). Retrieved from https://money.cnn.com/magazines/fortune/fortune_archive/2003/11/24/353794/index.htm

The Editors of Encyclopaedia Britannica. (2020, February 26). Bernie Madoff. Retrieved from https://www.britannica.com/biography/Bernie-Madoff

Frequently Asked Questions on TokenSets. (n.d.). Retrieved from https://www.tokensets.com/faq

Liang, R. (2019, April 23). TokenSets is Live: Automate your Crypto Portfolio Now. Retrieved from https://medium.com/set-protocol/tokensets-is-live-automate-your-crypto-portfolio-now-50f88dcc928d

Sawinyh, N. (2019, June 17). Interview with TokenSets creators. Retrieved from https://defiprime.com/tokensets

Sassano, A. (2019, June 19). How Set Protocol Works Under the Hood. Retrieved from https://medium.com/@AnthonySassano/how-set-protocol-works-under-the-hood-74fcdae858e2

Sassano, A. (2020, January 22). Set Social Trading is Now Live on TokenSets. Retrieved from https://medium.com/set-protocol/set-social-trading-is-now-live-on-tokensets-c981b5e67c5f

Kapitel 10: Dezentrale Lotterie

Cusack, L. (2020, February 3). PoolTogether raises $1 Million to Expand Prize Linked Savings Protocol. Retrieved from https://medium.com/pooltogether/pooltogether-raises-1-million-to-expand-prize-linked-savings-protocol-eb51a1f88ed8

Guillén, M.F., Tschoegl, A.E. Banking on Gambling: Banks and Lottery-Linked Deposit Accounts. Journal of Financial Services Research 21, 219–231 (2002). https://doi.org/10.1023/A:1015081427038

H.148. (2019). Retrieved from https://legislature.vermont.gov/bill/status/2020/H.148

Lemke, T. (2019, February 21). What Are Prize-Linked Savings Accounts? Retrieved from https://www.thebalance.com/what-are-prize-linked-savings-accounts-4587608

LLC, P. T. (n.d.). PoolTogether. Retrieved from https://www.pooltogether.com/#stats

Markets. (n.d.). Retrieved from https://compound.finance/markets

PoolTogether. (2020, February 8). Wow! The winner of the largest prize ever only 10 Dai deposited! They won $1,648 Dai A 1 in 69,738 chance of winning. Congrats to the little fish! pic.twitter.com/oDSFkSdbIE. Retrieved from https://twitter.com/PoolTogether_/status/1225875154019979265

Texas Proposition 7, Financial Institutions to Offer Prizes to Promote Savings Amendment (2017). (2017). Retrieved from Texas Proposition 7, Financial Institutions to Offer Prizes to Promote Savings Amendment (2017)

Kapitel 11: Dezentrale Zahlungsanbieter

Bramanathan, R. (2020, February 1). What I learned from tokenizing myself. Retrieved from https://medium.com/@bramanathan/what-i-learned-from-tokenizing-myself-bb222da07906

Kapitel 12: Dezentrale Versicherungen

Blockchain, F. (2019, December 4). The Potential for Bonding Curves and Nexus Mutual. Retrieved from https://tokentuesdays.substack.com/p/the-potential-for-bonding-curves

Blockchain, F. (2019, October 2). Nexus Mutual. Retrieved from https://tokentuesdays.substack.com/p/nexus-mutual

Codefi Data. (n.d.). Retrieved from https://defiscore.io/

Kapitel 13: DeFi-Dashboard

Dashboard for DeFi. (n.d.). Retrieved from https://www.defisnap.io/#/dashboard

Kapitel 14: DeFi in der realen Welt

(n.d.). Retrieved October 19, 2019, from https://slideslive.com/38920018/living-on-defi-how-i-survive-argentinas-50-inflation

Gundiuc, C. (2019, September 29). Argentina Central Bank Exposed 800 Citizens' Sensitive Information. Retrieved from https://beincrypto.com/argentina-central-bank-exposed-sensitive-information-of-800-citizens/

Lopez, J. M. S. (2020, February 5). Argentina's 'little trees' blossom as forex controls fuel black market. Retrieved from https://www.reuters.com/article/us-argentina-currency-blackmarket/argentinas-little-trees-blossom-as-forex-controls-fuel-black-market-idUSKBN1ZZ1H1

Russo, C. (2019, December 9). Uniswap Website Geo-Ban Can't Stop DeFi. Retrieved from https://thedefiant.substack.com/p/uniswap-website-geo-ban-cant-stop-370

Stichwortverzeichnis